Michael Boima Kemokai

Uma análise da coerência lógica na aplicação das técnicas Lean

Michael Boima Kemokai

Uma análise da coerência lógica na aplicação das técnicas Lean

ScienciaScripts

Imprint

Any brand names and product names mentioned in this book are subject to trademark, brand or patent protection and are trademarks or registered trademarks of their respective holders. The use of brand names, product names, common names, trade names, product descriptions etc. even without a particular marking in this work is in no way to be construed to mean that such names may be regarded as unrestricted in respect of trademark and brand protection legislation and could thus be used by anyone.

Cover image: www.ingimage.com

This book is a translation from the original published under ISBN 978-620-2-02645-1.

Publisher:
Sciencia Scripts
is a trademark of
Dodo Books Indian Ocean Ltd. and OmniScriptum S.R.L publishing group

120 High Road, East Finchley, London, N2 9ED, United Kingdom
Str. Armeneasca 28/1, office 1, Chisinau MD-2012, Republic of Moldova, Europe
Printed at: see last page
ISBN: 978-620-7-91471-5

O livro baseia-se numa dissertação apresentada para obtenção do grau de Mestre em Operações e Gestão da Cadeia de Abastecimento, obtido na Universidade de Liverpool, Reino Unido, em 2016. O livro apresenta resultados de investigação que apontam para enquadramentos políticos baseados em consistências lógicas na aplicação de técnicas lean à gestão do armazenamento e da distribuição. Fornece aos decisores políticos das missões no terreno do Departamento de Apoio no Terreno (DFS) as ferramentas necessárias para melhorar os seus processos empresariais de armazenamento e distribuição, aplicando pontos de estrangulamento logísticos claramente definidos, baseados em técnicas "lean" e ligados ao conceito de Centros de Serviços da ONU

UMA ANÁLISE DA COERÊNCIA LÓGICA NA APLICAÇÃO DE TÉCNICAS LEAN PARA MELHORAR OS PROCESSOS EMPRESARIAIS E A PRESTAÇÃO DE SERVIÇOS: UM CASO DO DEPARTAMENTO DE APOIO NO TERRENO (DFS), NAÇÕES UNIDAS.

Michael B. KEMOKAI

Mestrado: Estudou Gestão de Operações e Cadeia de Abastecimento na Universidade de Liverpool. Chefe da Unidade de Operações de Armazém no Gabinete de Apoio das Nações Unidas na Somália

Correio eletrónico: kemzo69@outlook.com

AGRADECIMENTOS

Reconheço a gratidão pelo apoio recebido do Dr. Andrew O'Loughlin. O tempo, a paciência e os conselhos construtivos que me concedeu durante o período desta investigação resultaram na conclusão atempada da minha dissertação. Estou profundamente grato e em dívida para com o pessoal das Missões no Terreno e dos Centros de Serviço das Nações Unidas, cuja participação no inquérito como informadores forneceu informações úteis que me ajudaram a moldar as conclusões que conduziram às recomendações políticas que podem ajudar os decisores políticos na área dos serviços de gestão da cadeia de abastecimento no Departamento de Serviços no Terreno.

Finalmente, e mais importante, a conclusão da minha dissertação para o Mestrado em Operações e Cadeia de Abastecimento não teria sido possível se não fosse pelo Deus Todo-Poderoso e a sua graça capacitadora. Agradeço a Deus por ter sido a força e a ajuda que me impulsionou a fazer esta contribuição para o corpo de conhecimento sobre armazenagem e distribuição física nas Missões de Campo das Nações Unidas, no que se refere ao conceito de Centro de Serviços da organização.

Reconheço também o enorme sacrifício feito pela minha família. O seu contributo e apoio foram cruciais. Tendo feito enormes sacrifícios, permitiram-me chegar até aqui. Estou particularmente grato aos meus três (03) adoráveis rapazes Glodi, Gabriel e Rafael pelo seu apoio e sacrifício durante todo o tempo que demorei a concluir a minha investigação.

Conteúdo

UMA ANÁLISE DA COERÊNCIA LÓGICA NA APLICAÇÃO DE TÉCNICAS LEAN PARA MELHORAR OS PROCESSOS EMPRESARIAIS E A PRESTAÇÃO DE SERVIÇOS: UM CASO DO DEPARTAMENTO DE APOIO NO TERRENO (DFS), NAÇÕES UNIDAS.

Resumo

O objetivo deste livro é estabelecer consistências lógicas na aplicação de técnicas Lean, com vista a melhorar os processos de negócio da DFS e a criar pontos de estrangulamento logístico que melhorem a logística e a distribuição física de bens do GSC e do RSC para as missões no terreno.

Metodologia: O autor utilizou um desenho de pesquisa qualitativa. O estudo teve como alvo os gestores de cinco (05) missões no terreno e dos dois (02) Centros de Serviços das Nações Unidas.) O estudo utilizou a técnica de amostragem intencional, com uma seleção aleatória de uma amostra de quinze (15) pessoas; com três (03) participantes de cada um dos GSC, RSC, e três (03) participantes de cada uma das três (03) Missões no terreno. Os dados primários foram obtidos de fontes originais através de questionários e entrevistas.

Conclusões: Os inquiridos indicaram que as consistências lógicas observadas necessitavam de uma compreensão, através da medição, de um modelo de logística e distribuição, ligado ao tempo de espera do aprovisionamento, ao ponto de encomenda e à reposição de stocks. Os inquiridos também indicaram que as consistências nos processos globais de logística e distribuição, ligadas a um programa mais orientado para o cliente, foram orientadas para a tentativa de otimizar os processos empresariais que resultaram na satisfação do cliente. No entanto, os inquiridos observaram que existiam inconsistências na forma como as várias missões no terreno aplicavam os conceitos lean. Os inquiridos também expressaram uma falta de orientação clara sobre as áreas que requerem maior prioridade; consistência em todas as missões no terreno no Departamento de Serviços no Terreno (DFS), quando são aplicadas alterações (ou seja, em estruturas e unidades organizacionais funcionais). Além disso, as análises da metodologia "lean" foram realizadas principalmente com recursos internos que podem não ter sido completamente objectivos nas áreas investigadas, o que provocou preconceitos e subjetividade na aplicação das técnicas "lean" nas missões no terreno do DFS. Os recursos internos podem não ter sido adequados para permitir uma aplicação completa das técnicas "lean". Por último, os inquiridos indicaram que a falta de clareza nas orientações da DFS garantiria a eficácia das aplicações Lean na redução dos defeitos nos processos de logística e distribuição. Apontaram as políticas e a formação que deviam ser ministradas ao pessoal antes da aplicação das técnicas limpas como um programa de melhoria contínua do desempenho (CPI).

Contribuição única para a teoria, a prática e a política: O estudo recomenda que é necessário estabelecer planos estratégicos formais para dirigir e alinhar o trabalho da organização e apoiados por objectivos e monitorização, análise e relatórios de desempenho baseados em dados. O estudo também recomenda que é necessário um controlo e uma avaliação mais eficientes de todas as resoluções da AG e das recomendações de auditoria. A organização precisa de monitorizar o modo de cumprimento das disposições dos memorandos de entendimento.

Palavras-chave: *consistência lógica, técnicas lean, operações comerciais, prestação de serviços, estratégia global de apoio no terreno, logística e distribuição física.*

Capítulo Um
Introdução
A estratégia global de apoio no terreno

1.0 Introdução

Schweikhart e Dembe (2009) apontam as estratégias Lean como talvez as ferramentas de gestão mais utilizadas pelas organizações quando tentam melhorar a eficiência dos seus processos empresariais e a qualidade dos serviços. Os conceitos Lean são uma força motriz crítica que se ganha com as práticas e pode trazer sinergia a um ambiente de trabalho. O conceito tendeu a criar um sistema de alta qualidade que impulsiona a melhoria contínua do desempenho (CPI) numa organização. As evidências do CPI da organização resultaram no cumprimento de múltiplas exigências feitas pelos clientes ao ritmo exigido (Shah & Ward, 2003).

As estratégias Lean são consideradas um padrão global para medir o valor acrescentado pela organização na prestação de serviços ao cliente. Para garantir o sucesso de qualquer projeto de melhoria da qualidade em toda a organização, Brun (2011) sugeriu que a apropriação do processo de melhoria da qualidade deve ter um patrocinador e um enorme empenho por parte da organização em investir fortemente na formação do pessoal, de modo a que o seu desempenho cumpra os objectivos da organização para melhorar a qualidade dos serviços que presta. Para além dos requisitos de formação, deve haver um requisito explícito de pessoal para qualquer projeto e um padrão bem definido para medir o desempenho do pessoal. As evidências de pesquisas anteriores revelaram que as organizações orientadas para os serviços, que aplicaram técnicas enxutas, geraram um melhor desempenho operacional, alcançando um alto nível de eficiência nos resultados dos serviços. Os dados de Brun (2011), reforçados pelos resultados da investigação de Droste (2007), apontam para um conjunto de estratégias "lean". Estas estratégias incluem o seguinte: o pensamento a longo prazo da organização, à medida que trabalha para transformar e melhorar os seus processos de negócio; adotar um programa de eliminação de desperdícios; construir um ambiente de trabalho de respeito mútuo entre os parceiros da equipa de gestão da mudança da organização; factores que geram desafios operacionais internos da organização e o crescimento normal da empresa; que são enfatizados pela necessidade de melhoria contínua do desempenho (CPI) através da aprendizagem dos funcionários e das organizações. As estratégias Lean são atualmente utilizadas na construção de uma cultura organizacional no Departamento de Apoio no Terreno (DFS). Tornaram-se as principais iniciativas da organização para melhorar a forma como conduz a atividade (UN, 2013).

A implementação da Estratégia Global de Apoio no Terreno (GFSS) tinha por objetivo melhorar a eficiência dos processos empresariais do Departamento de Apoio no Terreno (DFS) e a prestação de serviços (ONU, 2013). No entanto, os processos de negócio do DFS, em particular os processos ligados ao armazenamento da organização e aos processos de distribuição física, têm enfrentado desafios, especialmente na implementação dos mandatos das operações de manutenção da paz. Estes desafios incluíam: dificuldades na seleção de conceitos de apoio logístico adequados, dadas as restrições de recursos dentro da organização. Ao adaptar o GFSS, a estratégia proporcionou uma abordagem simples que poderia abordar eficazmente estes desafios na gestão de armazéns ao nível das missões no terreno da DFS (ONU, 2015). Do ponto de vista do armazenamento e da distribuição física, o conceito de GFSS pode ser considerado uma proposta muito dispendiosa que resultaria num aumento do custo de manutenção do inventário e do aluguer de espaço de armazenamento. No entanto, se o DFS considerasse o conceito de Centro de Serviços das Nações Unidas (CSNU) em conformidade com uma política de funcionalidade de custos partilhados e uma distribuição de fusão em trânsito, embora considerada convencional e talvez menos dispendiosa (ONU, 2015), poderia haver um enorme ganho de eficiência. Assim, com a noção de funcionalidade dos custos partilhados, o CSNU tem o potencial de alargar as suas capacidades de fornecer bens a partir de um maior stock que pode deter e a sua capacidade de movimentar fisicamente esse stock utilizando transportadores terceiros ou através do Centro de Coordenação Integrada e de Movimentos de Transporte (TMICC), de modo a poder satisfazer as necessidades das missões no terreno just-in-time (ONU, 2015).

1.1 Problemas com os sistemas de armazenamento e distribuição física das Nações Unidas Uma resolução (61/256) adoptada pelas Nações Unidas em 15 de março de 2007 pôs em marcha acções destinadas a reforçar a capacidade da DFS para gerir os processos comerciais das operações de manutenção da paz. A DFS foi desafiada pelas localizações geográficas das suas missões de manutenção da paz, espalhadas por África, Ásia, América Latina, Europa e Caraíbas. O cumprimento dos requisitos para prestar apoio em todos os continentes e no âmbito de uma estrutura de apoio complexa revelou-se difícil para os decisores políticos, tanto na sede como nas missões no terreno. Em 2010, a DFS lançou uma iniciativa abrangente sob a forma de um quadro estratégico designado por Estratégia Global de Apoio no Terreno (GFSS). O conceito de GFSS representou uma mudança radical em relação às operações herdadas do DFS, que geravam desperdício (ONU, 2013). Os sistemas antigos ofereciam uma má qualidade de serviço e não acrescentavam valor às operações das missões no terreno (ONU, 2010). A má qualidade do serviço foi identificada como um dos principais desafios que a organização precisava de enfrentar se tivesse de conseguir cumprir os seus mandatos através de reformas direccionadas na forma como o DFS apoiava as Missões no terreno.

As primeiras aplicações do GFSS centraram-se principalmente no estabelecimento de programas e infra-estruturas orientados para o reforço de uma cultura de melhoria contínua do desempenho (CPI) através de uma série de iniciativas de reforma. Entre estas iniciativas de reforma estava a integração da gestão de armazéns. A tónica foi colocada na decisão das Nações Unidas de melhorar e reestruturar os processos empresariais de todos os processos de armazenamento e distribuição física nas missões no terreno. As técnicas Lean tornaram-se, sem dúvida, a pedra angular de grande parte do GFSS para melhorar os processos de armazenamento e distribuição física (ONU, 2013). As técnicas Lean foram utilizadas por organizações empresariais para identificar oportunidades de IPC através de métodos que capturaram processos empresariais e melhorias na prestação de serviços (Shah & Ward, 2003). O estudo procurou estabelecer consistências lógicas na aplicação de técnicas Lean nas Missões no terreno da ONU para melhorar os seus processos empresariais e a prestação de serviços através de pontos de estrangulamento logísticos que servem para transformar o armazenamento e a distribuição física de bens do Centro de Serviços Globais (GSC) e dos Centros de Serviços Regionais (RSC) para as Missões no terreno como parte dos programas GFSS.

1.2 Objectivos da investigação

- Estabelecer consistências lógicas na aplicação das técnicas Lean com o objetivo de melhorar os processos empresariais das missões no terreno e a prestação de serviços aos seus clientes.

- Criar pontos de estrangulamento logístico que promovam melhorias no armazenamento e na distribuição física de mercadorias a partir do stock consolidado detido no SGC e no SGR para as missões no terreno.

1.3 Organização do livro

Este estudo está organizado em cinco secções ou capítulos críticos. São as seguintes.

- O primeiro capítulo apresenta uma "Introdução" à investigação. A secção inclui a literatura de base, a declaração do problema, os objectivos da investigação e outras informações preliminares.

- O segundo capítulo explorará a forma como esta investigação se enquadra nos trabalhos publicados existentes. Trata-se da revisão da literatura. A secção contém teorias relevantes para o estudo, o quadro concetual e a revisão da literatura empírica que fornecem um conjunto de conhecimentos que apoiam a investigação.

- O capítulo três aborda a "Metodologia da investigação", descrevendo os métodos utilizados para ajudar a estabelecer conclusões relacionadas com os objectivos da investigação.

- O capítulo quatro centra-se na análise dos dados recolhidos através da aplicação de questionários e da entrevista de informadores-chave. Os dados são utilizados para analisar os resultados da aplicação dos questionários e das entrevistas aos informadores-chave, bem como para dar respostas à pergunta de investigação.

O quinto capítulo apresenta uma conclusão e recomendações para que os gestores de topo e de nível de entrada desenvolvam um quadro político baseado nos resultados do inquérito de investigação, mas também destaca áreas em que pode ser feita mais investigação para que as limitações do estudo sejam exploradas.

Capítulo II
Uma revisão da literatura sobre estratégias de melhoria de processos
2.1   Introdução
O primeiro capítulo apresenta um esboço dos antecedentes do estudo. O primeiro capítulo incluiu uma interrogação sobre a questão de investigação, os objectivos da investigação, os métodos utilizados no estudo, uma panorâmica dos resultados esperados, uma sinopse do estudo e um resumo do capítulo. O segundo capítulo, Capítulo Dois (02), é a revisão do conjunto de conhecimentos ou de trabalhos académicos publicados que se enquadram na investigação atual sobre as estratégias "lean" que a DFS utiliza para gerir as operações de armazenamento e distribuição física da organização. Em primeiro lugar, é analisada a literatura recente sobre estratégias lean baseada em várias investigações credíveis de académicos de renome. A literatura analisada está subdividida em vários subtítulos que abrangem: i) estratégias "lean", ii) os cinco princípios do pensamento "lean", iii) componentes das estratégias "lean", iv) desafios da aplicação das estratégias "lean" e v) literatura empírica. Em segundo lugar, uma revisão das teorias que fizeram avançar a área do armazenamento e da distribuição física como parte do desempenho da gestão da cadeia de abastecimento (GCS) fez parte da discussão da investigação. É apresentado um quadro concetual em formato gráfico, expresso de forma pictórica, com as variáveis que constituem o estudo e as suas interacções.

2.1.1   Modelo de Referência das Operações da Cadeia de Abastecimento (SCOR)
O modelo de referência das operações da cadeia de abastecimento (SCOR) é uma iniciativa de base da gestão da cadeia de abastecimento (SCM) que se aplica normalmente à gestão do fluxo de informação e à modelação de produtos. O modelo SCOR é uma abstração aos níveis mais elevados da cadeia de abastecimento. Quando se aplica o modelo a um processo específico numa organização empresarial, este está ligado a níveis - quer no nível 3, quer nas camadas mais baixas da fase de implementação (SCOR, 2007). Os resultados da aplicação da iniciativa SCOR realçam uma caraterística importante do modelo. As sugestões dos resultados tendem a ser explicadas quando as empresas aceitam o modelo e o implementam para ganhar uma massa crítica nos seus processos de melhoria. A DFS é uma das muitas organizações que aplicaram o modelo SCOR para melhorar a forma como as missões no terreno geriam os seus sistemas de armazenamento e distribuição física.

Hoje em dia, muitas organizações empresariais têm-se apoiado em normas industriais de facto para melhorar a qualidade do seu desempenho. O DFS da ONU e as suas missões no terreno não são exceção. Huang, Sheoran e Wang (2004) revelaram que as normas industriais de facto adoptadas pelas organizações empresariais permitiram a realização de ganhos de eficiência. Estas normas incluem o modelo SCOR, utilizado na descrição de processos empresariais de alto nível que podem ser aplicados para melhorar a gestão do desempenho do armazenamento e da distribuição física nas missões no terreno. Os processos empresariais de alto nível do modelo SCOR estão associados às fases de implementação de alterações de processos, influenciadas pelos objectivos de satisfação da procura do cliente (SCC, 2000). O nível mais elevado que se pode atingir utilizando o modelo SCOR está organizado em torno de quatro tipos de processos empresariais. Estes incluem as fases de planeamento, as fases de aprovisionamento, as fases de produção e, finalmente, as fases de entrega. Trata-se de processos que representam as abstracções verticais neutras, caracterizadas por todos os processos de planeamento da procura/oferta, todos os processos de planeamento das compras/aquisições, todos os processos de planeamento da entrada de encomendas e todos os processos de planeamento da logística de saída. Os processos de planeamento de saída incluem todas as actividades de entrega/distribuição que emanam diretamente do fornecedor ou do Centro de Serviço Global (GSC) e do Centro de Serviço Regional (RSC). O que o modelo apresenta são ferramentas que fornecem estruturas baseadas em normas e melhores práticas que descrevem processos de interdependência. Huang, Sheoran e Wang (2004) argumentaram que estas abordagens são particularmente úteis para identificar a necessidade de mapear as actividades da cadeia de abastecimento de uma organização. Também pode ser aplicada a entidades empresariais variadas e múltiplas e às suas actividades verticais complexas que atravessam a cadeia de abastecimento da organização. O Modelo SCOR é uma estrutura baseada numa hierarquia de Níveis Decompostos. No Nível três (03) do Modelo SCOR, encontra-se o Nível de Elemento de Processo (PEL). O PEL define actividades que são generalizadas e aplicáveis a uma variedade de processos de planeamento de uma cadeia de abastecimento de ponta a ponta. Estas actividades fazem parte do fluxo de informação que normalmente decorre da fase de planeamento pré-projeto, um conjunto de âmbito do projeto, a fase de configuração do projeto, a fase de otimização do projeto e a fase de implementação do projeto de uma execução operacional real da cadeia de abastecimento. O fluxo de informação também informa os processos de planeamento da organização e as melhores práticas, utilizando a tecnologia de indexação/catalogação associada aos elementos do processo. O fluxo de informação que informa os processos reais de execução e planeamento da cadeia de abastecimento é utilizado como um guia de implementação. A sua utilização permitiu o desenvolvimento de uma estrutura empresarial organizacional com uma linguagem comum que facilita os processos horizontais que são integrados em diferentes unidades empresariais e intervenientes na cadeia de valor. O modelo SCOR é uma ferramenta estratégica que oferece à DFS benefícios de normalização e tem sido utilizado para descrever, comunicar, medir, controlar e afinar os processos complexos da SCM das missões no terreno. Os benefícios são os resultados de uma parceria da cadeia de abastecimento associada ao GFSS da organização que resulta da implementação e da adesão à estrutura do modelo SCOR (SCOR, 2007).

2.1.2 Teoria do processo

A aplicação da teoria dos processos ao desempenho das organizações tende a sugerir uma melhoria da eficiência dos processos empresariais. A teoria dos processos tem sido utilizada para identificar operações que podem ser examinadas individualmente e de perto, de modo a que sejam desenvolvidos mapas de processos para cada cadeia de abastecimento. Os mapas de processos são utilizados para compreender as características essenciais das operações e para gerar informações pormenorizadas úteis para a realização da análise da informação (Aldowaisan & Gaafar, 1999; Bisson & Folk, 2000; Keller & Jacka, 1999). A partir da análise dos processos empresariais, as organizações devem ser capazes de conceber um fluxo de processos que ajude a melhorar as operações empresariais.

Os processos que conduzem as operações críticas do negócio são considerados a forma mais eficiente de gerir as organizações a todos os níveis das suas operações. Eventualmente, o processo deve apoiar os objectivos gerais da organização. As observações sobre as actuais mudanças na UNSOS, em que os processos são agora utilizados para informar a estrutura da organização, tendem a apoiar os seus objectivos gerais. O atual percurso da UNSOS, que visa a melhoria dos processos, deve igualmente traduzir-se numa melhoria das eficiências internas, bem como da sua eficácia, adaptabilidade e níveis de serviço ao cliente. O que isto implica é que, se a UNSOS documentar o seu mapa de processos e eliminar as actividades inúteis ou sem valor, isso deverá proporcionar uma visão que pode ajudar a melhorar as operações. Um argumento semelhante que se enquadra na observação da UNSOS pode ser encontrado no trabalho de investigação de Damelio (1996) e Sealander e Cross (1999). Estes autores argumentaram que a documentação dos processos pode conduzir a uma visão das mudanças que podem ajudar a melhorar as operações da organização empresarial (Damelio, 1996; Sealander & Cross, 1999). Esta teoria serve de base a este estudo, uma vez que a DFS está envolvida em operações de armazenamento e distribuição física. A teoria descreve como as operações são melhoradas através da utilização dos processos correctos.

2.1.3 Teoria crítica da gestão

A teoria crítica da gestão é funcional e é considerada crítica em relação à institucionalização de práticas sociais e intelectuais. Os elementos que caracterizam estas práticas incluem os lucros que são imperativos para as empresas, a desigualdade ao longo de linhas raciais ou práticas ambientais irresponsáveis. As conclusões de Alvesson *et al.* (2009) procuraram explicar os desafios comuns relacionados com o domínio da economia de mercado livre capitalista, antecipando o desenvolvimento de uma alternativa. As suas conclusões são úteis para os decisores políticos nas operações de FDS. Por exemplo, as actividades recentes da UNMISS na adoção de conceitos de cadeia de abastecimento e prestação de serviços procuram uma alternativa às suas operações anteriores. A UNMISS olhou para a ideia da filosofia lean como um meio de reengenharia das suas operações, mas com profundo ceticismo. A observação sobre a UNMISS pode ser apoiada pelas conclusões de Adler et al. (2007). Estes autores afirmaram, de forma sucinta, que existem elementos fundamentais que podem ser considerados comuns a todas as organizações. Estes elementos básicos apresentam um profundo ceticismo em relação à defensibilidade moral da sustentabilidade social e ecológica que são conceitos predominantes das formas de gestão. Os actuais programas de melhoria operacional da UNMISS têm enfrentado desafios de defensibilidade e sustentabilidade. Apesar da adoção de processos que permitiriam a melhoria, havia fortes sinais de um efeito marginal crescente nas operações da UNMISS. A MONUSCO, por outro lado, não foi muito longe na implementação do GFSS, mas enfrentou resistência à mudança (ONU, 2013).

A teoria crítica da gestão pode contribuir para a reengenharia das operações de armazenamento e distribuição da DFS. A ideia de que os Estados-Membros devem contratar gestores de topo em vez de criticar o desempenho, fornece a base para ter factores de contrapeso para quaisquer obstáculos na implementação de um programa de melhorias de desempenho. Para além do argumento das competências de gestão, o sucesso das operações da DFS depende fortemente de factores de contrapeso, tais como as políticas externas dos vários países membros das Nações Unidas.

2.2 Revisão empírica

Uma das muitas iniciativas das Nações Unidas, enquanto organização global, tem sido a utilização de técnicas de aperfeiçoamento para melhorar o desempenho com base num quadro lógico da filosofia lean. Organizações de todo o mundo adoptaram a filosofia lean para melhorar o desempenho e, até à data, a estratégia continua a ser eficiente face à crescente procura dos clientes por uma melhor qualidade dos produtos e serviços que as organizações empresariais fornecem (Schonbergerm, 2007). Os aspectos críticos de qualquer estratégia considerada "lean" baseiam-se na racionalização e na criação de um sistema altamente eficiente. O sistema deve ser concebido para produzir resultados que correspondam ao ritmo da procura dos clientes, assegurando simultaneamente a eliminação de qualquer forma de desperdício (Shah & Ward, 2003). A eliminação dos desperdícios é o objetivo central das estratégias Lean e é igualmente o ponto forte da aplicação do GFSS. O desperdício inclui o desperdício de tempo, materiais, eficiência, pessoal ou processos numa série de actividades sem valor acrescentado. Estas últimas incluem a manutenção de existências mortas, o excedente e o excesso de inventário, o excesso de processamento, os atrasos nos processos devido a uma grande ênfase no transporte (McManus, 2007).

Segundo Jusko (2007), as estratégias lean são consideradas um processo de cooperação para a sobrevivência e o sucesso das empresas. Jusko sugeriu ainda que, se uma organização empresarial experimentasse mais crescimento e melhorasse continuamente, teria implementado estratégias baseadas nos conceitos lean. As organizações que implementaram os conceitos lean também tiveram de adotar uma cultura de trabalho de melhoria contínua do desempenho com uma tendência para a ação (Danford, 2007). Assim, Edgeman e Bigio (2004) sugeriram que os conceitos lean podem ser aplicados a todos os elementos dos processos ou fluxos de trabalho de uma organização. Citaram factores que incluíam o apoio organizacional que promovia o desenvolvimento da qualidade do serviço nas áreas da gestão de recursos humanos, gestão financeira, aprovisionamento e distribuição física. As suas conclusões expuseram problemas associados à organização tradicional. A Organização das Nações Unidas para a Alimentação e a Agricultura (FAO, 2007), por exemplo, constatou, na sua própria investigação, que as duplicações e a falta de comunicação adequada e atempada entre as organizações e os seus clientes eram muito frequentes nas organizações tradicionais que não tinham adotado os conceitos lean. A FAO constatou também que as instituições que tinham implementado os conceitos lean eram proactivas e tinham o potencial de planear eficazmente o imprevisível. Tinham a capacidade de reforçar o mecanismo de tomada de decisões que permitia o posicionamento de todos os recursos, o que facilitaria respostas rápidas (FAO, 2007). Desta forma, se houvesse uma quebra na procura, a organização seria capaz de lidar com qualquer perturbação sem despedimentos ou perdas de produtividade significativas (Mentzer, 2001).

As organizações que adoptaram os princípios lean obtiveram resultados surpreendentes em áreas como a eficácia dos custos, a redução do inventário, a melhoria da qualidade do produto e o aumento da satisfação do cliente (Ketchen & Hult, 2006). Os especialistas em Lean acreditam que quando as ferramentas Lean são corretamente aplicadas, pode haver uma melhoria dramática no desempenho e na posição financeira da organização (Kouvelis, Chambers, & Wang, 2006). O pensamento Lean centra-se principalmente na eliminação do desperdício que está a custar uma enorme quantidade de tempo e dinheiro. Diz-se que este desperdício de tempo e dinheiro afecta seriamente a capacidade de qualquer organização melhorar o seu desempenho a nível global através de um fluxo suave e eficiente (Larson & Halldorsson, 2004).

De acordo com as conclusões de Movahedi, Lavassani e Kumar (2009), existem benefícios da transformação lean se a organização adotar a estratégia correcta. As suas provas sugerem que as organizações empresariais que adoptam a filosofia "lean" com o objetivo de melhorar o seu desempenho obtêm um aumento de 35% na produtividade anual, a sua pontualidade aumenta em cerca de 100%, enquanto o espaço físico é reduzido até 75%. Há também provas que sugerem uma redução anual de 20% nos defeitos. As empresas também registam uma redução do inventário em mais de 75%, com uma melhoria da qualidade de até 85%. Há outros benefícios que as empresas obtêm da informação. Estes incluem a redução de custos, o aumento da capacidade, o aumento da satisfação dos clientes e dos funcionários das organizações que implementaram estratégias lean (Movahedi, Lavassani, & Kumar, 2009). O seu argumento apoia a ideia apresentada por Simchi-Levi, Kaminsky e Simchi-levi, (2007) que sugere que as organizações lean têm uma compreensão completa do valor do cliente. Sugeriram ainda que os conceitos lean tendem a concentrar-se nos principais processos que servem de plataforma para o IPC de uma organização empresarial. Os objectivos desejados para as organizações empresariais lean são assegurar o fornecimento de um valor perfeito para um cliente através da criação de um processo de valor adequado que elimine o desperdício ou resulte em desperdício zero (Simchi-Levi, Kaminsky, & Simchi-levi, 2007).

2.2.1 Estratégias Lean

As organizações empresariais que fazem mais com menos são designadas por organizações empresariais "lean". Utilizam menos dos seguintes factores - esforços humanos, equipamento, tempo e espaço. As estratégias Lean são aplicadas à transformação dos processos empresariais para que, quando menos esforços humanos, menos equipamento, menos tempo e menos espaço se aproximarem cada vez mais, possam fornecer aos clientes o que eles querem exatamente, na altura em que o querem, no local em que o querem e ao preço que estão dispostos a pagar, de modo a que o artigo corresponda às suas expectativas de custo/valor (Simchi-Lev & Kaminsky, 2007). A narrativa fornecida por Simchi- Lev e Kaminsky, (2007) é semelhante ao novo modelo de prestação de serviços do GFSS. O modelo permite ao DFS alavancar a sua economia de escala com uma resposta rápida a diversas exigências, exercendo o mais elevado padrão de qualidade e satisfação do cliente.

Outros desafios estão relacionados com a aplicação incorrecta da filosofia "lean". Haag et al., (2006) citaram as questões relacionadas com erros e desperdícios criados por um processo de produção típico que reduziu a produção para metade. Também encontraram lesões relacionadas com o trabalho e os seus efeitos secundários indesejáveis que se deviam a um processo de produção não enxuto. O tempo de colocação de novos produtos no mercado era geralmente metade. O que isto significa é que existe uma grande variedade de produtos dentro das famílias de produtos que oferecem custos adicionais muito modestos. Os investimentos de capital necessários para implementar a abordagem "lean" eram ligeiros, ou mesmo negativos. Cooper, Lambert e Pagh (2012) descobriram que a organização foi capaz de libertar ou vender instalações e equipamento.

2.2.2 Os cinco princípios do Lean Thinking

A identificação dos clientes e o que estes consideram como valor acrescentado aos produtos ou serviços são considerados pontos de entrada. É aqui que as empresas reconhecem que existe uma pequena parte dos esforços e do tempo que qualquer organização pode dedicar a um processo de produção de um produto ou serviço. O objetivo é acrescentar valor ao produto ou serviço que, por sua vez, vai ao encontro da satisfação do cliente (Movahedi, Lavassani, & Kumar, 2009). Uma definição clara do valor de um determinado produto ou serviço, na perspetiva do cliente final, permitirá à organização identificar e eliminar todas as actividades sem valor. Neste caso, pode ser visto como um conjunto completo de actividades em que todas as partes do fluxo de valor da organização estão envolvidas na entrega conjunta de produtos e serviços. A abordagem destaca um processo que pode ser descrito como "de ponta a ponta", que fornece valor ao cliente.

Danford (2007) descobriu, com base na sua investigação sobre a eliminação de desperdícios em qualquer processo, que apenas 5% contribuem para actividades que acrescentam valor. A julgar pelas conclusões de Danford (2007), podemos sugerir que, ao eliminar os desperdícios, as organizações podem garantir que os seus produtos ou serviços "fluam" sem qualquer interrupção, desvio ou tempo de espera mais longo, de modo a que os bens ou serviços sejam entregues atempadamente ao cliente final. Sugeriu ainda que, ao compreender o cliente que procura os produtos ou serviços produzidos por uma empresa, a organização deve criar processos que respondam às necessidades desse cliente. Desta forma, as empresas só fabricam o que é pretendido pelos clientes e quando o cliente o pretende (Movahedi, Lavassani, & Kumar, 2009).

Movahedi, Lavassani e Kumar (2009) salientaram rapidamente a importância da melhoria dos processos aquando da criação de um sistema de "fluxo" e de "atração". Nas suas conclusões, fizeram questão de sublinhar que as empresas devem começar por reestruturar radicalmente as etapas individuais dos processos aquando da criação de um sistema de "fluxo" e de "atração". Observaram que havia ganhos com a reengenharia de processos quando as etapas completas estavam significativamente ligadas entre si. Quando isso acontece, sugeriram a inevitabilidade de se tornarem visíveis mais camadas de desperdício. Desta forma, os processos melhorados da empresa continuarão em direção a um ponto final que é teoricamente perfeito. Quando esta fase se concretiza, todos os esforços e tempo da empresa são direccionados para a produção de produtos e serviços de valor acrescentado que resultam na satisfação do cliente nas fases finais (Kallrath & Maindl,

2006). O lançamento do GFSS em 2010 foi a decisão da DFS de se recusar a aceitar resíduos. O que a abordagem DFS evidenciou sugere que as estratégias Lean incluíam um método para criar a Liderança Transformacional Lean (LTL). As estratégias foram orientadas para a melhoria contínua do desempenho (CPI) nos processos da organização, permitindo benefícios significativos que incluíam compromissos de liderança, autonomia dos funcionários e uma organização transparente (UN, 2009).

Wormack e Jones (2003) apresentaram uma receita para a eliminação de desperdícios a partir da introdução de cinco (05) etapas. Estas etapas são consideradas úteis para analisar o impacto da abordagem "lean" na transformação do processo empresarial da DFS, de modo a que esta adopte um sistema robusto de logística e de distribuição física que ofereça serviços de qualidade e a consequente satisfação do cliente. As cinco (05) fases da estratégia "lean" de Wormack e Jones (2003) têm como principal objetivo a eliminação de resíduos. O processo das cinco (05) fases parece ser útil para determinar os ganhos e os fracassos que a DFS registou na implementação do GFSS, as iniciativas de melhoria global da ONU. Os seus processos de cinco (05) fases começam com a eliminação de desperdícios, também designada em japonês por muda. É nesta altura que a organização pode definir o valor do cliente relativamente a bens ou serviços. Neste contexto, uma caraterística semelhante é observada na implementação do GFSS pelo DFS em missões de campo grandes e pequenas.

A eliminação dos resíduos continua a ser um sério desafio. Nesta fase do processo "lean", o conceito de melhoria contínua do desempenho (CPI) teria atingido um ponto fulcral na eficiência dos processos dos Centros de Serviços das Nações Unidas e no tema do serviço de entregas do DFS, com a utilização de entregas JIT e a redução de resíduos. Para a segunda fase, as organizações são capazes de identificar processos de valor que proporcionam uma melhoria no fornecimento de bens ao cliente. No caso da DFS, os dados do estudo sugerem que a perda de qualidade dos bens, a perda de disponibilidade dos bens, a perda de tempo, a perda associada ao custo dos bens e ao custo de retenção dos bens, juntamente com a perda de tempo de entrega para o reabastecimento dos bens, tiveram um impacto significativo na execução dos mandatos das suas missões no terreno. Também na segunda fase, as organizações tiveram em conta os processos sem valor acrescentado que reduzem e, eventualmente, eliminam o desperdício. A terceira etapa do processo envolveu a criação de um fluxo. O fluxo é talvez crítico para a entrega de bens do SGC e do SGR às missões no terreno. Em última análise, o fluxo é o estado final que fornece as mercadorias adquiridas através dos processos de aquisição e entregues às missões no terreno. Neste contexto, as entregas JIT são consideradas o atributo lean mais importante para melhorar a entrega de bens e, em última análise, de serviços às missões de campo.

A reengenharia dos processos de negócio de fluxo no DFS permitiu, por exemplo, uma redução do tempo de espera do cliente, do tempo de inatividade do equipamento e do tempo de processamento, com um estado final de entrega de bens e serviços à Missão no terreno. É nesta fase que devemos encontrar as mudanças na transformação de todo o processo da organização. A quarta fase do processo, designada por processo pull, permitia ao cliente solicitar bens ou serviços no processo de negócio. O método descrito não existia na DFS, até mais recentemente. No entanto, a cultura ainda não se instalou. No entanto, o processo pull poderia ganhar um peso significativo se os processos de planeamento de aquisições em missões como a MONUSCO, a UNMISS e a UNSOS fossem considerados críticos na implementação do lean. Se isto se traduziu numa redução significativa do desperdício e na melhoria da eficiência do processo empresarial e da prestação de serviços, e em que percentagem, seria uma parte importante desta investigação. A última fase, que este estudo irá explorar, é a fase da perfeição no que diz respeito aos níveis de sucesso atual do sistema lean através da adoção do GFSS pelo DFS (ONU, 2009).

Fiume (2004) chama a nossa atenção para uma história de sucesso Lean quando fala do "Lean at Wiremold". A aplicação do Lean na Wiremold testemunha uma década de 'Lean Thinking' em todos os aspectos da operação da empresa. Ao tirar partido de aspectos-chave dos activos da empresa, nomeadamente as pessoas, Fiume (2004) descreveu-as como o trabalhador voluntário. Para ele, o sucesso das estratégias Lean dependia do facto de a organização se certificar de que a estrutura, a cultura, a conceção dos postos de trabalho e as políticas estavam todas orientadas para o funcionamento Lean. A abordagem DFS para a implementação lean tem características semelhantes. O DFS depende do apoio das pessoas. São os líderes seniores e os operacionais da organização que asseguraram que o conceito não era apenas uma tática, mas uma estratégia. O conceito GFSS impulsionou a cultura de mudança da organização, de modo a que as pessoas na organização vissem as estratégias Lean como a forma de operar (UN, 2015). O ambiente que estava a ser descrito por Fiume (2004) é semelhante à situação na DFS. A DFS, tal como a Wiremold, vê a implementação de estratégias lean como uma forma de melhorar a logística e as operações de distribuição física na prestação de serviços à Field Mission.

2.2.3 Componentes das operações Lean

As operações lean compreendem vários elementos integrados que permitem às organizações desenvolver processos eficientes e eficazes que criam uma organização lean num contexto moderno (Kallrath & Maindl, 2006). A julgar pela ideia que avançaram sobre a organização lean, Kallrath e Maindl (2006) apontaram para a necessidade de as empresas compreenderem e medirem até que ponto estes elementos integrados ligados aos conceitos lean acrescentam valor às suas operações comerciais. Se considerarmos que as suas conclusões contribuem para a melhoria do negócio num contexto moderno, podemos querer considerar a importância dos agentes Lean na implementação dos conceitos Lean como parte de um método de eficiência dos processos empresariais. De acordo com Lambert (2012), os agentes Lean podem adaptar-se facilmente para melhorar as mudanças nos processos dentro da organização. Por exemplo, considere um fornecedor enxuto; eles poderiam ser destacados de sua estratégia de preços, que é muitas vezes menor devido à eficiência de seus processos enxutos e melhoria da qualidade. Como tal, em qualquer inspeção de entrada para melhoria da qualidade no elo seguinte do processo de melhoria, estas empresas necessitariam, uma vez que se considera que cumprem os prazos e têm uma cultura organizacional caracterizada pela melhoria contínua do desempenho (Jusko, 2007). De acordo com as conclusões de Jusko (2007), para que a DFS consiga realizar operações optimizadas, tem de desenvolver e incluir fornecedores optimizados no fluxo de valor da organização, como parte dos seus sistemas globais de gestão da cadeia de abastecimento e de prestação de serviços. Neste contexto, a DFS deve considerar a necessidade de incentivar os fornecedores de bens e serviços a efectuarem a transformação "lean". Para tal, a DFS teria de envolver esses fornecedores nas actividades "lean" da DFS. Os resultados da investigação de Halldorsson et al. (2007) sugerem que, se as organizações puderem desenvolver uma parceria que leve os seus parceiros a efetuar a transformação "lean", ambas as organizações poderão ajudar a resolver problemas em conjunto e partilhar poupanças. Acrescentaram ainda que esta abordagem poderia ajudar os fornecedores a atingir um conjunto de objectivos de preços em constante declínio e objectivos de qualidade crescentes.

Um processo de aquisição baseado em conceitos lean é normalmente um processo de aquisição automatizado ou descrito como e-procurement. As transacções de aquisição realizadas através de um sistema de aquisição eletrónica são técnicas de aprovisionamento estratégico e a utilização de aplicações que suportam o leilão invertido permite que os compradores envolvidos nesta transação eletrónica utilizem aplicações baseadas na Web (Kallrath & Maindl, 2006). A contratação eletrónica ou e-Procurement é uma técnica de aquisição que utiliza aplicações de software. A utilização de um sistema de contratação eletrónica resulta geralmente na eliminação dos elementos humanos que normalmente estariam envolvidos em aquisições múltiplas associadas a soluções financeiras integradas (Harland, 2012). Uma abordagem semelhante é descrita pela implementação completa planeada do Umoja em todas as operações do DFS. O Umoja é uma aplicação de base Web que harmonizou a maior parte dos processos empresariais da cadeia de abastecimento da ONU (UN Peacekeeping: Documentation, 2007). A chave para a aquisição optimizada é a visibilidade. A DFS utiliza o United Nations Global Marketplace (UNGM), que permite que os vendedores se registem e vejam avisos gerais e específicos de aquisição, permitindo-lhes participar em vinte e duas (22) actividades principais de aquisição da ONU.

Simchi-Levi e Kaminsky (2007) discutem a importância do mapeamento do fluxo de valor. Estes autores salientaram a necessidade de as empresas mapearem os seus processos para poderem captar o seu fluxo de valor atual. A ideia que tinham avançado era garantir que as células de uma empresa trabalhassem em conjunto para criar um fluxo de valor futuro no seu processo empresarial. A sua ideia podia ser vista a partir da necessidade de a organização estabelecer um fluxo de informação eficiente que, por sua vez, estabeleceria uma atração de informação impulsionada pela procura do cliente final (Danford, 2007). A DFS, por exemplo, utiliza tecnologias como as aplicações Galileo baseadas na Web, que proporcionaram um meio crucial para a adoção de um armazém virtual pela DFS. A introdução do Umoja, mais recentemente, acrescentou diferentes camadas de aplicações que estão a melhorar cada vez mais as operações de logística e distribuição física da DFS. O Umoja é um software personalizado de Planeamento de Recursos Empresariais que é utilizado pela DFS e que permitiu ao CSNU gerir a distribuição física de inventários e de stocks excedentários em todas as missões políticas especiais e no terreno da DFS.

De acordo com Lambert (2012), o funcionamento de um armazém racional implica a eliminação de etapas sem valor acrescentado nos processos que conduzem a boas emissões, bem como a eliminação de desperdícios nos processos de gestão do armazém.

Uma operação típica de armazenagem envolve a receção e as inspecções, a arrumação das mercadorias ou a sua armazenagem após as operações de receção e inspeção, o processamento dos pedidos dos clientes através de operações de recolha e embalagem e, por último, as operações de distribuição/entrega (Harland, 2012). Os conceitos Lean nos transportes, tal como sugerido por Cooper (2000), incluem programas de transporte, melhorando as operações de transporte que englobam um processo administrativo e funções automatizadas. Este modo de movimento pode ser concebido para ter uma seleção de modo optimizada e ordens de agrupamento. Teria também combinado cargas de camiões com várias paragens, bem como um equipamento de cross docking e de right sizing. Outro aspeto deste modo de deslocação inclui os processos de transporte de importação/exportação e as operações de transporte de entrada, bem como as operações de regresso. Um fator crítico que asseguraria que qualquer organização pode realizar os conceitos incluiria o mapeamento do fluxo de valor (VSM), a criação de um fluxo de processos, a redução ou eventual eliminação de quaisquer processos que sejam considerados desperdício e a eliminação de actividades sem valor acrescentado através de métodos de extração (Danford, 2007). As suas conclusões são talvez úteis quando consideramos uma Unidade de Integração do Movimento de Transporte e Coordenação de Carga (TMICC) em funcionamento na RSCE. O conceito TMICC foi concebido para fornecer meios de transporte comuns com custos partilhados entre as missões no terreno na Região Africana. O conceito TMICC tem sido capaz de gerir o que antes era um problema de otimização complexo e, com a partilha de custos, tem havido poupanças e uma redução de contratos duplicados para o mesmo serviço.

De acordo com Lambert (2012), se o cliente conseguir compreender plenamente as suas necessidades e especificá-las de forma significativa, pode dizer-se que se trata de clientes lean. Trata-se de clientes que valorizam a rapidez e a flexibilidade em todos os processos. Esperam elevados níveis de desempenho na entrega, bem como uma elevada qualidade dos produtos e serviços (Danford, 2007). Este tipo de clientes está interessado numa parceria que se estabelece através de uma relação eficaz que procura sempre métodos de melhoria contínua do desempenho em todo um processo que reduza os custos. Os clientes estão interessados no valor que constitui as ofertas, mas também, que determina o seu valor medido pela qualidade e satisfação do cliente (Simchi-Levi, Kaminsky, & Simchi-Levi, 2003). O cliente pode também medir os produtos ou serviços como um valor de compra e a satisfação que obtém com a utilização ou através das suas interacções (FAO, 2007).

De acordo com Simchi-Levi, Kaminsky e Simchi-Levi (2003), a literatura sobre a cadeia de abastecimento também é útil para descrever o valor para o cliente. Utilizaram questões-chave da gestão da cadeia de abastecimento para ilustrar as questões e estratégias que podem ser utilizadas para obter um sistema de gestão da cadeia de abastecimento globalmente optimizado ou uma incerteza no sistema de gestão da cadeia de abastecimento, ou ambos. O seu trabalho foi útil para discutir aspectos-chave da logística DFS e dos sistemas de distribuição física, sendo aplicáveis factores semelhantes.

2.2.4 Desafios da implementação de estratégias Lean

As técnicas Lean mostraram potencialidades para aumentar a magnitude da eficiência dos processos empresariais; reduzir qualquer flutuação no desempenho da organização e aumentar os esforços de melhoria e o empenho em reduzir as actividades sem valor acrescentado. Estes conceitos realçam a importância das estratégias "lean". A utilização de abordagens de técnicas lean pode fornecer soluções integradas que melhoram a eficiência operacional de uma organização. As soluções Lean reflectem melhorias no desempenho a nível empresarial e na medição dos processos. Em última análise, pressupõe-se um estado final em que a medição de processos é transformada num sistema de revisão de processos e permite que os gestores desenvolvam a estratégia e as tarefas tácticas da sua organização. No entanto, a implementação de estratégias limpas é frequentemente vista como um desafio explícito (Simone & Kleiner, 2004).

A utilização de estratégias limpas enfrenta desafios, uma vez que a técnica em si é toda uma filosofia e não apenas alguns conjuntos de actividades conduzidas por algumas ferramentas ou técnicas. Estas técnicas, no entanto, têm o potencial de produzir alguns benefícios, quando os ganhos obtidos provêm da forma como as operações da organização se alteram. Estes ganhos são alcançáveis quando a organização adopta as técnicas lean como um sistema através do qual toda a cultura empresarial da organização muda - desde o nível da gestão de topo até aos operacionais da organização. Além disso, o conceito de lean thinking não se aprende com a leitura de um manual. As técnicas Lean podem ser explicadas em livros didácticos. No entanto, a necessidade de orientação pessoal na aplicação das técnicas Lean é muitas vezes necessária e é necessária para identificar e implementar as melhores práticas Lean das organizações que são úteis para as operações de outras organizações. Isto é possível quando compreendemos os princípios fundamentais da filosofia Lean e não apenas as suas ferramentas e técnicas. Uma das barreiras à compreensão do pensamento lean tem sido a falta de educadores e consultores que possam fornecer o apoio necessário ao utilizar exemplos da vida real da aplicação das técnicas lean (Simone & Kleiner, 2004).

Outro desafio experimentado é a falta de integração e colaboração na cadeia de abastecimento. É o caso, em especial, das equipas comerciais, de marketing e de distribuição, da falta de revisão dos inventários e da falta de envolvimento dos fornecedores, que constituem desafios à aplicação da abordagem "lean" (Simone & Kleiner, 2004). A falta de capacitação das pessoas é também um problema importante na aplicação das estratégias Lean. A formação das pessoas para que adoptem o conceito de melhoria não deve ser vista como a única forma de capacitar as pessoas dentro da organização. As pessoas têm de fazer parte do processo que promove a melhoria. Têm de ser as pessoas que estão totalmente envolvidas nos processos que encontram uma solução para os problemas associados à eficiência dos processos empresariais. São as mesmas pessoas que tinham sido parte do problema e era bom que participassem na resolução do problema. Significava também que as pessoas poderiam trabalhar através de uma abordagem bem estruturada do tipo "Planear-Fazer-Verificar-Atuar", que seria orientada e apoiada pela organização. Com o tempo, as pessoas seriam capazes de adotar novas técnicas de melhoria como parte do seu trabalho quotidiano. No entanto, se não houver uma compreensão e uma clara apropriação do processo de mudança, a visibilidade das actividades desejadas escapará a qualquer organização. É evidente que esta afirmação dá crédito aos pontos de vista de Simone e Kleiner (2004), a quem se atribui a explicação das questões relacionadas com o reconhecimento das restrições de produção e a gestão, bem como o planeamento da capacidade, que constituem um desafio para a aplicação das técnicas "lean".

Um estudo realizado por Bolo (2009) sobre uma série de variáveis estratégicas seleccionadas baseou-se no desempenho da gestão da cadeia de abastecimento das empresas, sendo o local de estudo o Quénia e o estudo de caso as empresas transformadoras. Bolo (2009) sugeriu que tanto os pequenos como os grandes fabricantes tinham enfrentado desafios em matéria de gestão optimizada devido a uma tecnologia inadequada e à falta de apoio da gestão para atingir os objectivos optimizados. Outro estudo, realizado por Wainaina (2009), analisou as melhores práticas de gestão da cadeia de abastecimento praticadas em grandes empresas privadas de produção no Quénia. O estudo identificou os desafios das empresas "lean", caracterizados por factores como a monitorização e o controlo insuficientes, bem como a supervisão insuficiente dos prazos de entrega dos fornecedores. Foi também observada a falta de envolvimento dos fornecedores durante o estudo, bem como a falta de integração e colaboração na cadeia de abastecimento. Estas observações, destacadas por Wainaina (2009), foram efectuadas normalmente no mercado do comércio e da distribuição. O impacto foi a falta de uma revisão rigorosa do inventário e a ausência de controlos periódicos. Também se verificou uma falta de responsabilidade clara a nível interno na gestão da cadeia de abastecimento da maioria das grandes empresas e, igualmente, uma falta de compreensão e visibilidade das actividades de marketing desejadas. Depois de citar estes factores negativos que impedem as melhorias, a Comissária sugeriu que havia uma crescente falta de compreensão e reconhecimento das restrições à produção e do planeamento da gestão da capacidade, o que tinha sérias implicações para qualquer estratégia "lean". Estas observações podem ser vistas a partir dos desafios que a DFS continua a enfrentar quando se considera o facto de a aceitação da transformação dos processos empresariais da organização não se ter concretizado após cinco (05) anos da adoção do GFSS.

2.2.5 Quadro concetual

O estudo considerou o mapeamento das diferentes relações nas operações de DFS para que os objectivos de um quadro concetual possam ser categorizados e utilizados para descrever conceitos relevantes para o estudo. A estrutura conceptualizada para este estudo está representada figurativamente na **figura**

Figura 1.0: Quadro concetual do Centro de Serviços da ONU

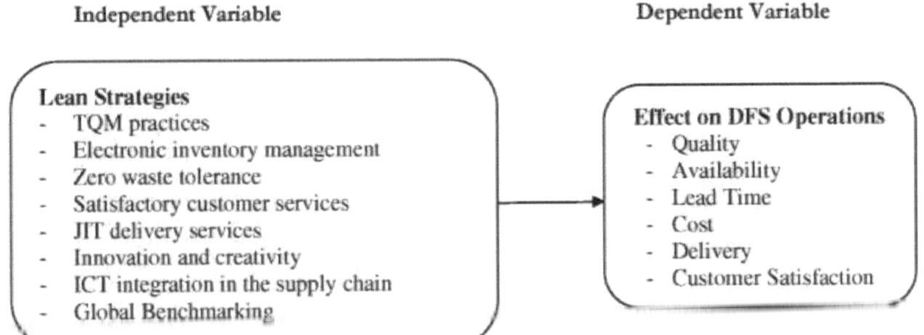

Este capítulo revelou os antecedentes das estratégias Lean e a sua influência na logística e na distribuição física, que foram discutidos por outros investigadores. A partir da revisão da literatura, tornou-se evidente que as estratégias Lean afectam efetivamente a logística e a distribuição física. No entanto, a magnitude com que estas estratégias afectam a logística e a distribuição física depende da capacidade de uma organização escolher a estratégia adequada, uma vez que várias estratégias funcionam de forma diferente para diferentes organizações. A literatura também revelou que a implementação de estratégias lean enfrenta vários desafios. Este capítulo também discutiu várias teorias que abordam o tema do estudo. Estas teorias incluem a teoria dos sistemas, a teoria dos custos de transação e o modelo de referência das operações da cadeia de abastecimento (SCOR). Por último, o estudo apresentou os conceitos relevantes para o estudo sob a forma de um diagrama.

Capítulo Três
A metodologia de investigação

3.1 Introdução

O capítulo anterior analisou a literatura sobre estratégias lean para compreender que técnicas lean foram utilizadas para melhorar as operações da DFS no que respeita às suas operações de logística e distribuição física. Dito isto, Shokri, Oglethorpe e Nabhani (2014) sugeriram que a investigação logística é conduzida principalmente a partir de uma lógica positivista e de áreas críticas. A metodologia e os métodos de investigação estão interessados num público mais vasto e nas estratégias lean que melhor abordam a sustentabilidade operacional que se enquadra na agenda da DFS.

3.2 Perspetiva epistemológica

Existem três perspectivas epistemológicas principais, nomeadamente o positivismo, o interpretativismo e o relativismo. O positivismo é a forma como um investigador adopta independentemente uma "perspetiva científica" ao observar o comportamento social e se concentra na verdade e nos factos objectivos. A investigação, neste caso, progride através de hipóteses desenvolvidas (obtidas a partir da teoria existente) e é testada e contribui para um maior desenvolvimento da teoria (Easterby-Smith, Thorpe e Jackson, 2008). O interpretativismo/construtivismo social vê o mundo como socialmente construído e subjetivo, sendo o observador uma parte do que é observado Easterby-Smith et al. (2012). Neste caso, diz-se que o foco está nos significados para ajudar a compreender os acontecimentos e as situações são analisados na totalidade, em alguns casos utilizando múltiplos métodos para estabelecer os vários pontos de vista de um determinado fenómeno.

Essencialmente, muitos dos objectivos da investigação podem ser alcançados, se considerarmos o que Easterby-Smith et al. (2012) referiram como a escolha do investigador de uma posição epistemológica que é positivista. No entanto, o paradigma do interpretivismo também será utilizado devido à geração de conhecimento a partir de opiniões subjectivas derivadas de entrevistas. O paradigma de investigação que assume que o conhecimento é melhor derivado de opiniões subjectivas ou respostas qualitativas de membros da sociedade, conhecido como paradigma do interpretivismo, será, portanto, invocado quando se lida com entrevistas. Em suma, este estudo empregará os paradigmas do positivismo e do interpretativismo. Ao combinar o positivismo e o interpretivismo, o estudo deverá produzir um compromisso entre os dois - o paradigma do realismo. O paradigma do realismo é o mais adequado para este estudo.

3.3 Conceção da investigação

A conceção da investigação é o esquema ou plano que é utilizado para gerar respostas aos problemas de investigação (Oradho, 2008). Trata-se de uma estrutura concetual no âmbito da qual a investigação é realizada. O autor empregou uma conceção de investigação qualitativa e teve como alvo o pessoal sénior chave que trabalha no SGC e no SGR e o pessoal aos níveis operacionais da cadeia de abastecimento e dos pilares de prestação de serviços nas três (03) grandes missões no terreno. Estas missões de campo eram nomeadamente a Missão de Estabilização das Nações Unidas no Congo (MONUSCO); a Missão das Nações Unidas no Sudão do Sul (UNMISS); e o Gabinete de Apoio das

Nações Unidas na Somália (UNSOS). Este estudo utilizou a técnica de amostragem intencional. O investigador seleccionou uma amostragem intencional de quinze (15) pessoas, sendo três (03) participantes do SGC e do CSR e três (03) participantes das três (03) missões no terreno. Os dados primários foram obtidos das fontes originais através de questionários e entrevistas.

O estudo foi concebido para lidar com os objectivos da investigação que são qualitativos. Golafshani (2003) descreveu a investigação qualitativa como um método que utiliza uma abordagem naturalista com a perspetiva de procurar uma compreensão dos fenómenos em contextos específicos. Esses contextos específicos são descritos por Golafshani (2003). Na sua opinião, as concepções de investigação que geram respostas a problemas de investigação proporcionam um contexto do mundo real em que o investigador normalmente não tentaria manipular o fenómeno de interesse.

A utilização de um método qualitativo deverá igualmente permitir obter informações sobre as alterações registadas nas operações da DFS devido à aplicação das técnicas "lean". A investigação sobre o modo como as técnicas "lean" permitiram melhorar os processos logísticos e de distribuição física da DFS constitui a base da investigação. As técnicas Lean tiveram implicações nas alterações dos processos que permitiram melhorar a logística e a distribuição física da DFS.

3.4 População e conceção da amostragem

3.4.1 População-alvo

Burns e Grove (2003) afirmam que a população inclui todos os elementos que satisfazem determinados critérios de inclusão num estudo. De acordo com Kothari (2008), uma população refere-se a todos os itens em qualquer campo de investigação e é também conhecida como o "universo". O estudo terá como alvo todos os gestores seniores a nível de direção no SGC e no SGR e todo o pessoal operacional sénior dos pilares da cadeia de abastecimento e da prestação de serviços em três (03) grandes missões no terreno. Estas missões no terreno são, nomeadamente, a MONUSCO, a UNMISS e a UNSOS.

3.4.2 Conceção da amostragem

Trata-se de um plano ou método definido para obter ou selecionar uma amostra de uma determinada população. Refere-se à técnica ou ao procedimento que o investigador adoptará para selecionar itens para a amostra (Kothari, 2008). O plano de amostragem é um aspeto particularmente importante da metodologia dos inquéritos, uma vez que fornece a base para uma medição sólida dos fenómenos económicos e sociais a partir de inquéritos às empresas. Inclui as técnicas de amostragem e a dimensão da amostra.

3.4.2.1 Técnica de amostragem e dimensão da amostra

A amostragem é uma escolha deliberada de um certo número de pessoas que fornecerão os dados a partir dos quais serão tiradas conclusões sobre o grupo mais vasto que essas pessoas representam (Jankowicz, 2002). Este estudo utilizará a técnica de amostragem intencional. O investigador fará uma amostragem intencional de quinze (15) pessoas; com três (03) participantes cada um do GSC, RSC, e três (03) participantes cada um das três (03) Missões de Campo, que podem dar informações que são relevantes para este estudo. O conhecimento dessas missões de campo é derivado de experiências de eventos reais em seu ambiente de trabalho. A resposta obtida deve apontar para as técnicas enxutas que ajudaram na melhoria da prestação de serviços dos Centros de Serviços da ONU.

3.5   Instrumento e procedimento de recolha de dados

Burns e Grove (2003) definem a recolha de dados como a recolha precisa e sistemática de informação relevante para os subproblemas da investigação, utilizando métodos como entrevistas, observações participantes, discussões em grupos de discussão, narrativas e histórias de casos. Este estudo utilizará dados primários e secundários. De acordo com Kothari (2008), os dados primários referem-se à informação que um investigador recolhe no terreno. Os dados primários serão obtidos a partir das fontes originais, utilizando questionários e entrevistas.

Especificamente, cinco (05) dos quinze (15) participantes são informadores-chave. Trata-se de quadros superiores ao nível de diretor. O método de entrevista, de acordo com Turner, III, (2010), pode fornecer ao investigador um projeto de entrevista que tem uma miríade de oportunidades. O método de entrevista também possui uma forma tradicional de analisar e interpretar os dados do entrevistado.

Os outros dez (10) membros incluem pessoal operacional sénior que são Chefes de Secções e Unidades a quem serão dados questionários para preencher. A investigação concebida deve permitir o acesso aos participantes na amostra selecionada. Em alguns casos, o questionário será auto-administrado por correio eletrónico. Rowley (2014) explicou a importância do questionário num estudo qualitativo. O método fornece uma visão que é tipicamente explicativa, com itens seleccionados dos questionários. As respostas obtidas dos participantes no estudo constituirão a base para uma análise qualitativa. A análise basear-se-á em factos gerados a partir de um modelo de realidade do CSNU. A abordagem deve dar acesso direto ao conhecimento que já existe na mente dos participantes.

Por outro lado, o investigador utilizará dados secundários que estão disponíveis publicamente no sítio Web do GFSS e que podem ser obtidos a partir de relatórios sobre os resultados dos inquéritos do DFS. Os dados abrangerão os últimos cinco (05) anos de implementação do GFSS. Parte dos dados secundários também incluirá contribuições das Missões no terreno sobre o progresso na implementação dos programas de melhoria contínua do desempenho que são exigidos pelo GFSS.

3.6   Fiabilidade e validade

Segundo Morse et al. (2002), a literatura atual sobre validade é confusa e chegou a um ponto em que se tornou irreconhecível. Os seus pontos de vista são interpretados como uma tentativa de alargar o espetro de concetualização da fiabilidade. Revelou também a congruência da fiabilidade e da validade na investigação qualitativa. Marriam (1995) fez questão de sublinhar a importância de avaliar a fiabilidade da investigação qualitativa em termos de fiabilidade e validade. Salientou a importância do apoio que a fiabilidade e a validade proporcionam. Apontou para conjuntos de critérios que explicam as condições para este tipo de investigação qualitativa concebida. Segundo a autora, estes critérios explicam-se pelo facto de a investigação qualitativa ser ideal para a clarificação e compreensão de um fenómeno quando:

-       Com muita antecedência, o investigador não pode identificar a variável operativa;
-       Ao olhar para problemas demasiado familiares, o investigador encontra uma

abordagem criativa para os resolver;
- Os participantes compreendem plenamente os papéis que desempenham numa organização;
- O investigador pode determinar as situações históricas do problema que está a ser investigado, e;
- Trabalhar para construir teorias ou hipóteses
Foi rápida a salientar o facto de a validade e a fiabilidade serem úteis na abordagem dos problemas de investigação na perspetiva do paradigma do realismo a partir do qual o estudo é realizado. Referiu que se tratava de diferentes pressupostos em relação à realidade que exigem uma concetualização diferente da validade e da fiabilidade.
Qualquer discussão mais aprofundada sobre validade e fiabilidade exigiria, de facto, uma definição destes termos. De preferência, a definição de Robert, Priest e Traynor (2006) de fiabilidade e validade é de particular interesse para a investigação e, como tal, a sua definição seria adoptada para este fim. Definiram a fiabilidade utilizando uma descrição de até que ponto um determinado procedimento ou instrumento de teste, como uma entrevista, pode produzir os mesmos resultados em circunstâncias diferentes. Baseia-se no pressuposto de que nada mais muda. No caso da validade, definiram-na como um conceito subtil que tem a ver com a proximidade. Tem a ver com o que é medido e não com a medição pretendida. Apontaram para a necessidade de se procurar a verdade com poucos erros, o que implica uma atitude e não um conjunto de procedimentos. Posto isto, as suas conclusões foram muito claras quanto ao facto de os procedimentos não poderem ser ignorados, apesar de não produzirem fiabilidade suficiente.
Há outra investigação académica sobre a validade e a fiabilidade que está interessada em avaliar a integridade da investigação qualitativa. Estes investigadores são atribuídos a Morse et al. (2002) e Brod, Tesler e Christensen (2009). Todos eles sugeriram que era necessário um grande rigor e atenção na aplicação da validade e da fiabilidade à investigação qualitativa. Todos eles sublinharam que as questões críticas da validade e da fiabilidade eram mais do que um simples debate de paradigma. A investigação qualitativa deve centrar-se em estratégias que permitam estabelecer a fiabilidade. A sua abordagem da fiabilidade sugere que, no final do estudo, o investigador não correria o risco de deixar escapar ameaças graves à validade e fiabilidade da investigação qualitativa. A sua abordagem é vista como um esforço por parte do investigador para descobrir as ameaças antes que seja demasiado tarde para as corrigir. Estes pontos de vista académicos sugerem que os conceitos adequados de validade e fiabilidade dependem de um paradigma realista de investigação adotado pelos investigadores. Estes académicos consideraram estes compromissos como problemáticos. De acordo com Morse et al. (2002), tratava-se de normas associadas a uma abordagem abrangente da avaliação da investigação no seu conjunto. Morse et al. (2002) observaram que a validade e a fiabilidade continuam a depender essencialmente de procedimentos ou controlos por parte dos revisores. Os seus resultados podem ser utilizados após a conclusão da investigação.
Long e Johnson (2000) apresentaram outra escola de pensamento sobre confiabilidade. Eles descrevem a confiabilidade a partir do entendimento tradicional de dois (02) conceitos comumente utilizados. Descrevem o primeiro conceito de fiabilidade como um

instrumento para medir a consistência. Para a segunda noção, a fiabilidade era um grau de uniformidade ou dependabilidade que os investigadores utilizariam como instrumento para medir atributos. Apesar da sua abordagem filosófica académica diferente e do ligeiro desacordo com as definições, Noble e Smith (2015) explicaram que a validade e a fiabilidade são consideradas relevantes para a investigação qualitativa se esta tiver de ser considerada credível. As suas conclusões podem ser interpretadas no sentido de que os métodos qualitativos permitem ao investigador descrever o fenómeno de interesse e identificar os participantes que tiveram uma experiência direta com o acontecimento de interesse. Este estudo aplicará esta abordagem à DFS e analisará as mudanças que estão a ocorrer quando avaliamos a utilização das estratégias lean utilizadas para gerir as operações da DFS. Os participantes seleccionados com experiência na aplicação de estratégias "lean" podem proporcionar uma enorme base de experiências a explorar. Assim, se o debate for conduzido na direção da experiência dos participantes, através de uma investigação qualitativa, o investigador produzirá conteúdos descritivos e ricos em pormenores de um contexto humano. Esta abordagem torna o método mais válido e fiável.

Dito isto, a posição epistemológica de um paradigma realista acredita firmemente que a existência de conceitos válidos e fortes tornaria a recolha de dados mais fácil. Os dados recolhidos através de entrevistas podem aumentar a credibilidade. Também resulta numa exatidão dos dados recolhidos. Os dados recolhidos a partir de fontes primárias serão provenientes das experiências dos participantes da amostra na implementação das iniciativas abrangentes do DFS, designadas por GFSS. Será feito usando métodos de entrevista, e os dados secundários serão verificados com base em factos do relatório de cinco (05) anos do DFS sobre a implementação do GFSS. Os dados primários sobre o

impacto das *técnicas de l ean seriam* através de entrevistas com informantes-chave. Os cinco (05) campeões de organização e mudança nas três (03) Missões de Campo estão a operar na Região AfricanaNo entanto, tem de ser dito a partir de Rowley (2014), que é importante lembrar que os resultados dos inquéritos são analisados para representar factos. Este falso pressuposto pode ser interpretado com base na compreensão que os participantes da amostra têm do tópico que é investigado e o que é construído a partir da mente do investigador.

3.7 Métodos de análise de dados

De acordo com Zikmund et al. (2010), a análise de dados refere-se à aplicação do raciocínio e à compreensão dos dados recolhidos com o objetivo de determinar padrões consistentes e resumir os detalhes relevantes revelados numa investigação. De acordo com Hyndman (2008), o processamento de dados envolve a tradução das respostas de um questionário numa forma que pode ser manipulada para produzir estatísticas. Envolve a codificação, a edição, a introdução de dados e o acompanhamento de todo o processo de tratamento de dados, de modo a determinar os padrões revelados nos dados recolhidos relativamente às variáveis seleccionadas. A análise dos dados orientará as metas e os objectivos da investigação e a medição dos dados recolhidos. A partir da análise, espera-se que surjam tendências a partir do uso de estratégias enxutas, fornecendo evidências de ganhos ou falhas na melhoria das operações da DFS.

3.8 Potenciais pontos fracos da investigação

As fraquezas inerentes associadas a esta investigação são a disponibilidade de dados secundários limitados. A implementação do GFSS estendeu-se por apenas cinco (05) anos. Outro risco possível tem a ver com o elemento de parcialidade pessoal que é causado pelas nossas opiniões. O enviesamento pessoal pode resultar do nosso estado de espírito enquanto membro do pessoal do DFS e tendo participado em dois (02) projectos-piloto que utilizaram ferramentas Lean. Outro preconceito pessoal que deve ser tratado é a nossa opinião e os nossos preconceitos em relação aos dados recolhidos.

Bogdan e Biklen (1982), minimizam esta preocupação. Descreveram as suas preocupações de uma perspetiva geral. Para eles, os dados recolhidos devem fornecer muito mais pormenores, tornando credíveis as actividades reais que estão a ser investigadas, do que a opinião ou os preconceitos que o investigador possa querer introduzir no estudo. Também podem ser introduzidos preconceitos durante o processo de recolha de dados, bem como durante a interpretação e o relato da investigação. Patton (1990) indicou claramente, a partir das suas conclusões, que grande parte da análise qualitativa depende do fator humano - o seu intelecto, competências, formação, conhecimentos e capacidades. O fator humano acima descrito tem muita força para influenciar a interpretação dos dados e, como tal, é uma fraqueza fundamental deste tipo de investigação e análise qualitativa.

É provável que, dada a localização geográfica da investigação (Europa e África) e a seleção cuidadosa dos participantes, a dimensão da amostra não seja significativa. Envolve cinco (05) informadores-chave nos níveis P-5 a D-2 e dez (10) peritos seniores que estão a participar na implementação do GFSS no SGC, no SGR e nas três (03) missões no terreno. Isto significa que haverá dez (10) peritos seniores cuidadosamente seleccionados do SGC, do CSR, da MONUSCO, da UNMISS e da UNSOS. O total de cinco (05) informadores-chave e dez (10) peritos seniores constituirá a nossa população-alvo para o nosso conjunto de dados.

Para garantir que os conjuntos de dados sejam completos, seria extremamente útil adotar o conceito de Marshall et al., (2013). O seu conceito de saturação de dados é útil para alcançar um conjunto de dados completo de quinze (15) das cinco (05) instituições. A investigação utilizaria a sua medida, dada a natureza dinâmica destas organizações e o movimento dos gestores de topo. Esta abordagem implicaria a inclusão de novos participantes no estudo, de modo a que o conjunto de dados esteja completo no final do processo de recolha de dados. Por exemplo, se o diretor não estiver em missão, terá de ser substituído por um chefe de serviço ou pelo chefe de secção adjunto.

A seleção deliberada da amostra e a dimensão da amostra podem sugerir a noção de uma amostra adequada e representativa, mas é evidente que a realização de uma investigação qualitativa é bastante difícil, se considerarmos toda a população. Ao lidar com estes desafios, o nosso único recurso é a seleção deliberada de uma amostra da população. Esta limitação aparente, deixa-nos a lidar com o problema do erro de amostragem, quando grande, que pode anular a conclusão da investigação. Oppong (2013), ao mesmo tempo que chama a atenção para estes desafios, salienta rapidamente a importância da dimensão da amostra e o potencial de erro de amostragem. O erro de amostragem tem o potencial de anular a conclusão da investigação a que o investigador chegou. Argumentou que, se o erro fosse pequeno, a conclusão não seria válida. Considerámos cuidadosamente a dimensão da amostra para podermos minimizar o erro de amostragem tanto quanto possível.

Por último, devemos também salientar que, dada a seleção cuidadosa dos participantes, existe a probabilidade de os membros da amostra darem respostas por receio ao preencherem o questionário. É difícil determinar se não receberam ameaças para darem respostas que pudessem influenciar os resultados avaliados. A comunicação de um erro devido a uma má interpretação das respostas dos participantes pode ser uma razão válida para os erros. Para garantir a credibilidade das respostas dadas, os participantes receberiam uma cópia do questionário preenchido. Ser-lhes-ia pedido que confirmassem que tinham respondido às perguntas da entrevista que tinham completado.

3.9 Resumo do capítulo

Este capítulo aborda a filosofia da investigação, a conceção da investigação, a população-alvo, a conceção da amostragem, as técnicas de amostragem e a dimensão da amostra, os métodos e procedimentos de recolha de dados, a fiabilidade e a validade e os métodos de análise dos dados.

Capítulo IV
Discussão dos resultados da investigação

4.1 Introdução

Este capítulo inclui a análise dos dados primários que o autor recolheu do questionário e do informador-chave. Além disso, fornece o debate dos resultados. Os resultados são apresentados e interpretados de acordo com os objectivos do estudo. Estes incluíam: (i) Identificar os desafios de gestão na utilização das técnicas Lean na conceção de uma caraterização abrangente do sistema logístico e de distribuição física da organização; (ii) Determinar em que medida estes desafios têm impacto na logística e na distribuição física dos bens e nas práticas de gestão informadas; (iii) Estabelecer a coerência lógica na aplicação das técnicas Lean para melhorar os processos empresariais e a prestação de serviços, (iv) Criar pontos de estrangulamento logístico que melhorem a logística e a distribuição física de bens do GSC e do RSC para as missões no terreno, (v) Conseguir uma redução do custo e não reduzir nenhum serviço de valor acrescentado nas operações dos Centros de Serviços das Nações Unidas, e (vi) Explorar até que ponto o Centro de Serviços Globais (GSC) e o Centro de Serviços Regionais (RSC) são instrumentos úteis para promover a prestação de serviços através de um sistema SCM sólido. Os resultados são apresentados sob a forma de tabelas, gráficos e prosa contínua. Por último, o capítulo descreve o modelo de investigação validado e apresenta as diferenças entre os modelos conceptuais de investigação. O número de questionários administrados foi de dez (10). Todos os inquiridos da amostra participaram plenamente, o que contribuiu para obter o máximo de respostas.

4.2 Características demográficas dos inquiridos

Esta secção consiste em informações que descrevem as características básicas dos inquiridos, tais como o sexo dos inquiridos, a posição na organização, o nível de educação dos inquiridos e a experiência na organização. Na DFS, a composição demográfica da força de trabalho atual é uma mistura de talentos antigos e jovens. Essencialmente, alguns desafios estariam associados à implementação de mudanças para melhorar as operações do DFS quando se considerasse a demografia do DFS. Uma investigação sobre a demografia teria em conta a perceção, a mentalidade e a resistência à mudança. Conquistar a mentalidade dos funcionários mais velhos e mais experientes para que aceitem as mudanças actuais que envolvem o uso de estratégias Lean seria um grande desafio.

Tabela 1: Características demográficas dos inquiridos

Código	Tema		1	2	3	4	5	6	7	8	9	10	Resultado	Explicação
								Inquiridos						
4.1	Género	Masculino	X	X	X	X	X	X	X		X		A maioria dos inquiridos era do sexo masculino	Esta situação pode ser explicada pelo facto de o trabalho neste domínio exigir flexibilidade, o que pode ser difícil para as mulheres, uma vez que têm muitas responsabilidades domésticas, como cuidar de crianças pequenas, ao contrário dos homens.
		Feminino								X		X		
4.2	Posição na organização	Sénior Gestor a nível de chefe de secção		X									O investigador conseguiu chegar a empregados em posições	Esta situação pode ser explicada pelo facto de os trabalhadores que ocupam as
		Pessoal superior de operaçõe	X		X		X		X			X		

		s a nível de chefe de unidade											inferiores em vez de high. posições	posições inferiores na hierarquia do emprego serem mais numerosos do que os que ocupam posições superiores.
		Outros					X		X		X	X		
4.3	Nível f educação	Programa de pós-graduação concluído		X				X	X	X	X		São formados gestores de topo a nível de direção no SGC e no SGR e todo o pessoal operacional de topo dos pilares da cadeia de abastecimento e do serviço de entrega em três (03)	Isto implica que possuem conhecimentos e competências adequados em matéria de gestão da cadeia de abastecimento.
		Concluiu a licenciatura Programa de licenciatura			X	X					X	X		

4.4	Período de Trabalho												grandes missões no terreno.	
		Menos de 1 ano											Todos os inquiridos tinham estado nas missões no terreno[lo][ng] suficientemente.	Os inquiridos tinham experiência na gestão da cadeia de abastecimento.
		2 - 5 anos												
		6 - 10 anos												
		Mais de 10 anos	X	X	X	X	X	X	X	X	X	X		

Ao longo dos últimos cinco (05) anos, são tendências que sugerem o surgimento de um maior nível de aceitação das mudanças que estão ocorrendo, apesar dos embates relacionados a uma mentalidade baseada nos fatores demográficos. O uso de estratégias enxutas tem fornecido evidências de ganhos ou falhas na melhoria das operações do DFS e tem resultado no reconhecimento de que há uma necessidade de que a estratégia funcione de modo a não prejudicar a qualidade do desempenho e as contribuições dos Estados membros. O quadro 1 apresenta as características demográficas dos inquiridos.

4.3 Estratégias Lean Utilizadas pela DFS para Gerir a sua Operação

No que respeita às estratégias "lean" utilizadas pela DFS para gerir as suas operações. O estudo utilizou um questionário e um guia de entrevista com informadores-chave. Os informadores-chave inquiridos indicaram que, no contexto do GFSS, a abordagem "lean" representa uma maior eficiência e economias de escala na utilização dos recursos, assegurando simultaneamente uma melhor prestação de serviços aos clientes. Além disso, implica uma prestação de serviços atempada. Estes resultados coincidem com os de Schonbergerm (2007), que afirma que as organizações em todo o mundo adoptaram a filosofia Lean para melhorar o desempenho e, até à data, a estratégia continua a ser eficiente face à procura crescente dos clientes de uma melhor qualidade dos produtos e serviços que as organizações empresariais fornecem. As estratégias Lean são talvez as ferramentas de gestão mais utilizadas pelas organizações quando tentam melhorar a eficiência dos seus processos empresariais e a qualidade dos serviços (Schweikhart & Dembe, 2009; Pool, Wijngaard, e van der Zee, 2011; Brun, 2011); Droste, 2007; Shah & Ward, 2003). Jayaram, Das e Nicolae (2010) e Scherre-Rathje et al. (2009) articularam as técnicas Lean com base no método Toyota de eliminação de desperdícios, alcançando uma melhoria contínua do desempenho (IPC) através da redução significativa do tempo de processo e da satisfação do cliente. A descrição fornecida por Vienazindiene e Ciarniene (2013) sugeriu que as estratégias Lean não se limitam à eliminação de resíduos, mas também à criação de valor para os clientes.

4.3.1 Experiência na utilização de estratégias Lean

Utilizando o questionário, foi pedido aos inquiridos que indicassem se tinham alguma experiência na utilização de estratégias Lean na conceção de operações logísticas e de distribuição física abrangentes de uma organização. Os resultados são apresentados no Quadro 2.

Quadro 2: Experiência na utilização de estratégias Lean

Inquiridos											
Código	Tema	1	2	3	4	5	6	7	8	9	10	Resultado
4.5	Experiência na utilização de estratégias lean	X	X	X		X	X	X	X			A maioria dos inquiridos indicou que tinha experiência na utilização de estratégias lean

4.3.2 Ênfase da Missão Estratégia Lean

Foi pedido aos informadores-chave inquiridos que indicassem qual a ênfase da estratégia da missão Lean, a nível individual e não como parte do DFS. Alguns dos inquiridos indicaram que, no SGC, a estratégia "lean" de missão se centrava na eliminação do desperdício e da duplicação através da centralização das operações (armazenamento, manutenção, orçamentação e aquisições). Shah e Ward (2003) defendem que uma estratégia "lean" deve ser concebida para produzir resultados que correspondam ao ritmo da procura dos clientes, assegurando simultaneamente a eliminação de qualquer forma de desperdício. Outros inquiridos indicaram que as estratégias "lean" de missão se centravam no rápido destacamento de tropas para zonas remotas e perigosas.

4.3.3 Gestão da mudança

Também foi pedido aos informadores-chave inquiridos que indicassem qual a secção/departamento da sua organização responsável pela gestão da mudança. Alguns dos inquiridos indicaram que a equipa do GFSS na sede da ONU era responsável pela gestão da mudança. Os outros inquiridos também indicaram que o GFSS era responsável pela gestão da mudança na missão no terreno. Os inquiridos também indicaram que todas as partes interessadas estavam envolvidas na gestão da mudança, tendo assumido a responsabilidade de assegurar um bom fluxo de informação para os vários departamentos.

4.3.4 Liderança na Transformação Lean (LTL) na Estrutura da Cadeia de Fornecimento da DFS

Foi também pedido aos inquiridos que indicassem quem é responsável pela formulação da estratégia de liderança lean da sua organização (localmente/Sede). Todos os inquiridos indicaram que a sede era responsável pela formulação da sua estratégia de organização lean, que era aplicada localmente. Indicaram também que estavam preparados para serem responsáveis pelo desenvolvimento organizacional ou pela implementação da sua estratégia de organização lean através de formação (lean e six-sigma) e de trabalho de projeto.

Além disso, os inquiridos indicaram que são considerados responsáveis pela gestão bem sucedida de aspectos específicos do programa da organização lean através de directivas e da avaliação do desempenho. Todos os inquiridos também concordaram com a afirmação de que o sucesso nas Nações Unidas reside numa melhor relação de trabalho entre um bom pessoal e um bom supervisor. Este atributo é fundamental para alcançar uma organização Lean. Os inquiridos corroboraram esta afirmação, afirmando que o trabalho de equipa e a unidade de objectivos são fundamentais para o êxito da aplicação da estratégia Lean. Por último, todos os inquiridos indicaram que as estratégias de liderança da sua organização que permitem a criação de consensos, uma cultura que incentiva os seus empregados a aceitarem a reengenharia dos processos empresariais na sua organização incluem o envolvimento das partes interessadas, a expetativa, a gestão dos benefícios e dos riscos e uma boa comunicação. Estas conclusões podem ser apoiadas por Lavassani e Kumar (2009), que salientam a importância da melhoria dos processos aquando da criação de um sistema de "fluxo" e de "atração". Nas suas conclusões, salientam que as empresas devem começar por reestruturar radicalmente as etapas individuais do processo quando criam um sistema de "fluxo" e de "atração". A liderança transformacional Lean pode ajudar a criar um sistema de "fluxo" e de "atração". As conclusões de Pool, Wijngaard e van der Zee (2011) também dão crédito às técnicas Lean como ferramentas de melhoria úteis para a reengenharia de qualquer sistema. Esse sistema tinha de estar associado a um domínio de conhecimento que emerge da recusa da organização em aceitar o desperdício. Esta afirmação pode ser apoiada por Wormack et al. (1990). Estes autores defendem a opinião de que o Lean depende significativamente da recusa da organização em aceitar o desperdício.

4.3.5 Prioridade às estratégias Lean no DFS

Foi também pedido aos informadores-chave inquiridos que indicassem o que a sua organização estava a fazer para tornar a aplicação das estratégias "lean" uma prioridade. Os inquiridos indicaram que algumas medidas tomadas só o foram quando levantadas em observações de auditoria. Um dos inquiridos indicou que as organizações deram prioridade às estratégias "lean" através do RSC-E, permitindo que as operações em ambientes mais remotos e perigosos fossem transferidas do terreno para o centro de serviços. Isto foi conseguido dando prioridade à segurança, à proteção e ao bem-estar do pessoal e expandindo os serviços partilhados para funções não dependentes da localização. Outro inquirido indicou que dava prioridade às estratégias lean através do reforço da colaboração com a missão no terreno. A prioridade foi dada ao planeamento conjunto e à sincronização do destacamento com o Gabinete de Assuntos Militares e o Gabinete dos Grupos de Instituições do Estado de Direito e de Segurança (ROLSIG), para garantir que as novas unidades se tornem rapidamente operacionais e permitam operações mais proactivas, flexíveis e móveis.

O informador-chave do RSC-E indicou que as estratégias lean tinham reforçado e melhorado a qualidade da prestação de serviços. Isto foi conseguido através da prestação de serviços mais consistentes e de maior qualidade aos clientes, tendo cuidado com os recursos limitados, absorvendo os aumentos de custos dos orçamentos existentes, encontrando soluções criativas para os clientes, reduzindo os custos fixos sempre que possível, revendo os recursos e encontrando ganhos de produtividade, e medindo o desempenho de forma rigorosa. A prioridade máxima é que a RSCE - com o apoio total das missões dos clientes e da sede - melhore o desempenho e a satisfação dos clientes. Finalmente, o quinto inquirido indicou que dava prioridade à estratégia "lean", assegurando que as reformas corporativas funcionassem no terreno. Isto foi conseguido através da melhoria da gestão da cadeia de abastecimento, da reestruturação do apoio às missões, da expansão dos serviços partilhados e da implementação do Umoja Extension 1. Estas conclusões podem ser apoiadas por Péter (2012), que descreveu a criação do CSNU como uma decisão política estratégica com uma importância significativa para a logística e a distribuição física no DFS. O estudo concluiu que, através da criação do CSNU, o SGC, por exemplo, teve a capacidade de alavancar a sua estratégia de melhoria operacional através da gestão eficaz do sistema SCM do FDS. As suas conclusões são úteis e sugerem uma gestão eficiente das operações da organização através de dois (02) pilares - gestão da cadeia de abastecimento (SCM) e prestação de serviços.

4.3.6 Tipos de estratégias Lean no DFS

Foi pedido aos informadores-chave inquiridos que indicassem quais as estratégias "lean" que estão a ser aplicadas para garantir a melhoria do desempenho nos diferentes níveis de funções da sua organização. Os inquiridos indicaram que as suas organizações adoptaram várias estratégias "lean". Alguns deles indicaram que a DFS iniciou o estabelecimento de uma entidade formal de análise e desempenho empresarial como parte do aproveitamento da análise e da inteligência empresarial para melhorar o desempenho da DFS. Outro inquirido indicou que a sua organização responde rapidamente e de forma flexível a diversas exigências. Outro inquirido indicou também que a sua organização assegura o mais elevado padrão de qualidade e orientação para o cliente. Além disso, os inquiridos também indicaram que a sua organização se esforçou por melhorar os recursos financeiros e estratégicos, adoptou um quadro de recursos humanos, adoptou a abordagem de serviços partilhados, a gestão da cadeia de abastecimento e a modularização e novas abordagens de gestão da qualidade. Estas conclusões podem ser reforçadas por Droste (2007), cujos resultados de investigação apontaram para um agrupamento em torno de estratégias optimizadas. Afirmou que as estratégias "lean" melhoram o desempenho operacional, ajudando a alcançar um elevado nível de eficiência na produção de produtos e serviços.

4.3.7 Remédios para o DFS Estratégias Lean para manter o desempenho

Foi pedido aos informadores-chave inquiridos que indicassem as suas ideias sobre as soluções para as estratégias da sua organização lean para sustentar o desempenho. Os inquiridos indicaram que era necessário estabelecer planos estratégicos formais para orientar e alinhar o trabalho da organização, apoiados por objectivos e por um acompanhamento, uma análise e um relatório de desempenho baseados em dados. Indicaram também que é necessário um controlo mais eficaz de todas as resoluções da

AG e das recomendações de auditoria. Outros inquiridos indicaram que a organização precisa de acompanhar mais de perto o modo de cumprimento das disposições dos memorandos de entendimento. Além disso, os inquiridos indicaram que as suas organizações devem adotar uma estratégia de gestão da mudança. Os inquiridos indicaram que as suas organizações devem adotar uma estratégia de gestão da mudança, o conceito de cadeia de abastecimento do DFS, o conceito de cadeia de abastecimento da África Oriental e o sistema de medição do desempenho e alinhar a estratégia do GFSS com as implementações das Umoja e das IPSAS.

4.4 Coerências lógicas e aplicação de técnicas Lean no DFS

Utilizando o questionário, foi pedido aos inquiridos que indicassem as consistências lógicas observadas na aplicação das técnicas Lean para melhorar os processos empresariais da DFS e os conceitos de prestação de serviços associados às operações de logística e distribuição física através dos Centros de Serviços. Os inquiridos indicaram que as consistências lógicas observadas necessitavam de uma compreensão, através da medição, de um modelo de reordenamento que incluísse o tempo de espera, o ponto de reordenamento e o stock de segurança. Os inquiridos também indicaram que as consistências observadas se relacionam principalmente com a abordagem global de uma maior orientação para o cliente, ao mesmo tempo que tentam otimizar os processos comerciais e os fluxos de trabalho. Estas conclusões são apoiadas por Water (2004), cujas conclusões sugerem algumas das tendências mais significativas em matéria de logística. As suas conclusões apontam para a logística como uma ferramenta útil para a colaboração na cadeia de abastecimento, a relação custo-eficácia, a redução dos prazos de entrega, uma boa gestão das operações de cross docking e uma entrega direta aos clientes finais.

No entanto, os inquiridos indicaram que existiam limitações na forma como as várias organizações aplicavam diversamente os conceitos Lean. Não foram fornecidas orientações claras sobre as áreas que requerem maior prioridade; consistência em todos os departamentos, divisões e missões quando são aplicadas alterações (ou seja, em estruturas e unidades organizacionais funcionais). Além disso, as análises Lean foram conduzidas principalmente por recursos internos que podem não ter sido completamente objectivos nas áreas investigadas, o que trouxe preconceitos e subjetividade. Os recursos internos que utilizam técnicas Lean podem não ter sido completos. Por último, os inquiridos indicaram que ainda não existe uma orientação clara. É necessário fornecer políticas e formação ao pessoal antes da aplicação das técnicas Lean.

4.4.1 Alinhamento das estratégias Lean com os objectivos estratégicos da DFS

Também foi pedido aos informadores-chave inquiridos que indicassem de que forma as estratégias lean da sua organização estavam alinhadas com os objectivos estratégicos de reengenharia dos processos empresariais da sua organização. Um dos inquiridos indicou que, na sua organização, os esforços de centralização estão alinhados com a intenção estratégica do GFSS de realizar economias de escala e melhorar a gestão dos recursos. Alguns outros inquiridos indicaram que as suas estratégias de organização simplificada garantiram uma cadeia de abastecimento bem gerida, eficiente, eficaz e ágil em toda a nossa carteira. Indicaram também que o DFS produziu uma nova estratégia que inclui quatro prioridades interligadas: processos "de ponta a ponta", soluções baseadas nas necessidades, infra-estruturas coerentes, tecnologia, recursos e facilitadores, e gestão do desempenho. Além disso, um outro inquirido indicou que as estratégias "lean" das suas organizações maximizaram a utilização de recursos a nível regional para o destacamento da UNMISS, para uma construção mais rápida de escritórios e alojamentos para as tropas. Por último, outros inquiridos indicaram que as suas estratégias de organização lean asseguraram uma comunicação clara e a preparação da gestão e do pessoal relativamente ao desenvolvimento do conceito de serviços partilhados, às mudanças nos processos de trabalho, às expectativas do pessoal e da organização e às ferramentas normalizadas disponíveis. Estas conclusões podem ser corroboradas pelas de Movahedi, Lavassani e Kumar (2009), que afirmaram que a transformação lean traz benefícios se a organização adotar a estratégia certa.

4.1.2 Factores culturais e impacto nas mudanças no DFS

Foi pedido aos informadores-chave inquiridos que indicassem os factores culturais que influenciaram as mudanças na sua organização. Os inquiridos indicaram que existiam factores culturais que influenciavam as mudanças na organização, tais como a falta de sentido de urgência, a incapacidade da liderança para articular e obter a aprovação da razão imperiosa para uma mudança e a falta de um agente de mudança com poderes.

Foi também pedido aos inquiridos que indicassem que ênfase é dada à diversidade e que compreendessem a forma como esta apresenta os seus desafios na gestão da mudança. Os inquiridos indicaram que a diversidade é um elemento-chave a ter em conta, o que exige a análise e a gestão das partes interessadas, de modo a garantir que os riscos associados à diversidade sejam registados e que seja desenvolvido um plano de resposta. No entanto, indicaram que a diversidade nas suas organizações resultou em resistência à mudança.

Além disso, foi pedido aos inquiridos que indicassem de que forma a sua organização beneficiaria se fosse partilhada uma mentalidade intercultural sobre as mudanças na sua organização, tendo em conta a diversidade da sua força de trabalho, tanto para o pessoal internacional como para o pessoal local. Em resposta, os inquiridos indicaram que o benefício seria mais significativo do que não ter uma mentalidade intercultural.

Também foi pedido aos inquiridos que indicassem os desafios políticos no âmbito da cultura de trabalho da sua organização com que se depararam e de que forma esses desafios tiveram impacto na sua organização. Em resposta, os inquiridos indicaram que a ONU é uma organização burocrática e

Assim, é uma batalha difícil adotar mudanças de política que aumentem a eficácia e a economia a obter com as estratégias lean. Indicaram também que existia um elo de discórdia entre a cultura orientada para a conformidade e a cultura orientada para os resultados.

Por último, foi pedido aos inquiridos que classificassem o nível de aceitação e a mentalidade/cultura do pessoal e dos quadros superiores no que respeita ao seu empenho em reestruturar as operações logísticas e de distribuição física da organização através da aplicação de estratégias "lean". Em resposta, indicaram que não existia uma estratégia clara e articulada. Indicaram também que os objectivos e as principais etapas dificultavam a adesão do pessoal à reengenharia das operações de logística e distribuição física. Além disso, indicaram que não existia um plano formal de realização e gestão dos benefícios, o que tornava mais difícil obter a adesão total das partes interessadas.

4.4.3 Alinhamento de eventos e mudança de organização no DFS

Foi também pedido aos informadores-chave inquiridos que indicassem quais as acções de formação, seminários, sítios Web e reuniões de câmara que a sua organização proporcionou como parte dos seus planos de comunicação para preparar os empregados de forma a abordar a sensibilidade das mudanças organizacionais. Em resposta, os inquiridos indicaram que tinha havido seis sigma, gestão de projectos, reunião de peritos, reunião de partes interessadas, reunião da câmara municipal e workshops.

4.5 Estratégias Lean e Logística e Distribuição Física de Mercadorias na DFS

4.5.1 Efeito das estratégias Lean

Foi pedido aos inquiridos que indicassem de que forma a utilização das estratégias Lean afectava a logística e a distribuição física de mercadorias do SGC e do SGR para as missões no terreno. Os resultados na Tabela 3 mostram a visão geral dos resultados. Estes resultados são inconsistentes com os de Schweikhart e Dembe (2009), que forneceram uma visão significativa sobre a utilização de estratégias optimizadas para melhorar o desempenho das grandes organizações.

Quadro 3: Efeito das estratégias Lean na logística e na distribuição física das mercadorias

		Inquiridos											
Código	Efeito das estratégias Lean	1	2	3	4	5	6	7	8	9	10	Resultado	Recomendações
4.23	A aplicação de estratégias "lean" melhorou consideravelmente as operações de logística e de distribuição física entre os centros de serviços da ONU e as missões no	X		X		X			X			Apoiado parcialmente	Ação necessária

	terreno.												
4.24	A aplicação de estratégias "lean" melhorou ligeiramente as operações de logística e de distribuição física entre o Centro de Serviços da ONU e as missões no terreno.	X	X	X	X							Apoiado parcialmente	Ação necessária
4.25	A aplicação de estratégias "lean" tornou impraticável qualquer melhoria das operações de logística e de distribuição física dos centros de serviços e das missões	X	X			X		X				Apoiado parcialmente	Ação necessária

	no terreno da ONU.												
4.26	A aplicação de estratégias "lean" não permitiu obter uma maior eficácia dos processos empresariais graças ao apoio prestado pelo Centro de Serviços das Nações Unidas, uma vez que as estratégias foram mal aplicadas nas missões.											Não suportado	Nenhuma ação necessária
4.27	A aplicação de estratégias "lean" permite aumentar a eficácia da atividade comercial graças ao apoio											Não suportado	Nenhuma ação necessária

														Não suportado	Nenhuma ação necessária
	prestado pelos centros de serviços das Nações Unidas, uma vez que as estratégias foram corretamente aplicadas em todas as missões.															
4.28	As estratégias lean adoptadas não informaram a estrutura, os processos e os procedimentos e, como tal, foram consideradas pouco fiáveis e inadequadas para reestruturar algumas das operações de logística e distribuiçã														Não suportado	Nenhuma ação necessária

o física da missão no terreno.												

4.5.2 Medidas para garantir uma logística eficaz e a distribuição física das mercadorias

Foi pedido aos inquiridos que indicassem as medidas que as suas organizações tomaram para garantir a aceitação e a manutenção de um processo de reengenharia que são exclusivas da sua organização. Em resposta, os inquiridos indicaram que as suas organizações tinham adotado decisões e mandatos executivos. Também indicaram que as suas organizações introduziram objectivos estratégicos e indicadores de desempenho que respondem claramente às expectativas das nossas partes interessadas, o que ajudou a melhorar continuamente o apoio às operações de paz. Indicaram também que o DFS se tinha esforçado por atualizar os termos de referência do Comité Diretor da Estratégia Global de Apoio no Terreno e os de outros mecanismos de governação. A decisão política consistiu em assegurar o alinhamento com as actuais funções e responsabilidades na implementação da GFSS e em definir a frequência das reuniões, a composição dos comités e as relações dos comités com outros mecanismos de governação da estratégia.

5.1 Introdução

Neste capítulo, a investigação apresentará um breve resumo das conclusões do estudo, em conformidade com os objectivos do mesmo. Este estudo apresentará também algumas recomendações para a gestão da logística da DFS e da operação de distribuição física. Além disso, este capítulo apresenta uma breve discussão dos pontos fracos da investigação, bem como das oportunidades para estudos futuros. Seguir-se-á um breve resumo geral do estudo.

5.1.1 Resumo das conclusões

Este estudo procurou responder à seguinte questão: "Quais são as consistências lógicas e os desafios de gestão associados à aplicação das técnicas Lean na melhoria dos sistemas de logística e de distribuição física da DFS? Para responder a esta questão, a investigação centrou-se em seis objectivos, nomeadamente (i) Identificar os desafios de gestão na utilização de técnicas lean na conceção de uma caraterização abrangente do sistema logístico e de distribuição física da organização, (ii) Determinar em que medida esses desafios têm impacto na logística e na distribuição física de bens e nas práticas de gestão informadas, (iii) Estabelecer a coerência lógica na aplicação das técnicas "lean" para melhorar os processos empresariais e a prestação de serviços, (iv) Criar pontos de estrangulamento logístico que melhorem a logística e a distribuição física de bens do GSC e do RSC para as missões no terreno (iv) Estabelecer a influência das estratégias "lean" nos custos e na redução de serviços sem valor acrescentado nas operações dos Centros de Serviços da ONU. A investigação explora em que medida o Centro de Serviço Global (GSC) e o Centro de Serviço Regional (RSC) são instrumentos úteis para promover a prestação de serviços através de um sistema SCM sólido.

5.1.2 Desafios de gestão na implementação de técnicas Lean no DFS

A investigação atingiu este objetivo através da procura de respostas a várias questões. Em primeiro lugar, o autor procurou saber se os inquiridos enfrentavam desafios de gestão. Os resultados revelaram que, de facto, os inquiridos enfrentaram vários desafios de gestão. A investigação também procurou determinar se a DFS enfrenta desafios na implementação de estratégias lean. Os resultados revelaram que a DFS enfrentava efetivamente vários desafios na aplicação das estratégias "lean". Além disso, o autor procurou descobrir o efeito das dificuldades operacionais das operações do Departamento de Serviços no Terreno nas missões no terreno. Os resultados revelaram que a presença destes desafios teve como consequência a redução da satisfação dos clientes, o aumento do prazo de entrega dos fornecedores e o aumento dos custos operacionais.

5.1.3 Estratégias Lean Utilizadas pela DFS para Gerir a sua Operação

A investigação atingiu este objetivo através da resposta a várias questões. Como ponto de partida, a investigação procurou saber se os inquiridos tinham alguma experiência na utilização de estratégias Lean na conceção das operações globais de logística e distribuição física de uma organização. Os resultados revelaram que as organizações inquiridas têm experiência na utilização de estratégias lean na conceção de operações logísticas e de distribuição física abrangentes. A pesquisa também procurou descobrir quais estratégias enxutas foram enfatizadas pelos Centros de Serviços da ONU e Missões de Campo. Os resultados revelaram que as Missões no Terreno tinham adotado a abordagem da individualidade com uma inclinação, mas como parte da Estratégia Global de Apoio no Terreno da DFS (GFSS). Por exemplo, os resultados obtidos a partir da entrevista mostraram que no GSC, as estratégias lean colocam ênfase na eliminação do desperdício e da duplicação de compras através da centralização das operações.

A investigação também procurou determinar que secção/departamento da organização era responsável pela gestão da mudança. Os resultados revelaram que, na sede da ONU, a equipa do GFSS era responsável pela gestão da mudança. Os resultados também mostraram que o GSC era fundamental para garantir que o GFSS fosse implementado nas missões no terreno. Para além disso, a investigação procurou saber quem era responsável pela formulação da estratégia de liderança lean da sua organização (localmente/Sede). Os resultados revelaram que a sede era responsável pela formulação das suas estratégias lean que eram aplicadas localmente. A investigação procurou igualmente determinar se os inquiridos eram responsáveis pela gestão bem sucedida de aspectos específicos do programa Lean da sua organização. Os resultados revelaram que eram responsáveis pela diretiva e pela avaliação do desempenho. A pesquisa também procurou descobrir o que a organização estava a fazer para tornar a implementação das estratégias Lean uma prioridade. Os resultados da investigação revelaram que as cinco (05) organizações tomaram medidas apenas quando as observações de auditoria foram levantadas pelo Gabinete de Serviços de Supervisão Interna (OIOS). Por exemplo, as observações de auditoria revelaram que os serviços realizados no terreno poderiam ser transferidos para o RSC-E. Consequentemente, o DFS deu prioridade a estratégias optimizadas que permitissem a transferência para o RSC-E de operações realizadas em ambientes mais remotos e perigosos. As estratégias "Lean" foram reforçadas pela melhoria da qualidade da prestação de serviços e priorizadas pela garantia de que as reformas corporativas funcionam no terreno.

A investigação também procurou descobrir quais as estratégias lean em vigor para garantir a melhoria do desempenho a diferentes níveis de funções na sua organização. Os resultados revelaram que a DFS tinha começado a criar uma entidade formal de análise e desempenho empresarial como parte do aproveitamento da análise e da inteligência empresarial para melhorar o desempenho da organização e a sua capacidade de responder rapidamente e de forma flexível a diversas exigências. Esta abordagem assegurou o mais elevado padrão de qualidade e orientação para o cliente, melhorando os recursos financeiros e estratégicos, adoptando um quadro de recursos humanos, adoptando a abordagem de serviços partilhados, a gestão da cadeia de abastecimento e a modularização e novas abordagens de gestão da qualidade.

5.1.4 Coerências lógicas e aplicação de técnicas Lean no DFS

Para atingir este objetivo, o autor propôs-se encontrar respostas para várias questões. Para começar, o autor procurou também determinar o alinhamento da organização das estratégias lean com os objectivos estratégicos. Os resultados revelaram que: os esforços de centralização da organização estão alinhados com o objetivo do GFSS de obter economias de escala e uma melhor gestão dos recursos. As estratégias de organização enxuta garantiram uma cadeia de abastecimento bem gerida, eficiente e ágil em toda a sua carteira. O DFS elaborou uma nova estratégia que inclui quatro (04) prioridades interligadas: processos "de ponta a ponta", soluções baseadas nas necessidades, infra-estruturas coerentes, tecnologia, recursos e facilitadores, e gestão do desempenho. As estratégias de organização enxuta procuraram maximizar o uso de recursos a nível regional para a implantação de novas missões de campo (por exemplo, UNMISS), a estratégia de logística de última milha para todas as missões de campo e uma construção mais rápida de instalações para acomodar, por exemplo, tropas. As estratégias de organização lean asseguraram um plano de comunicação claro que permitiu aos quadros superiores e aos funcionários da DFS compreender o desenvolvimento do conceito de serviços partilhados da organização, as mudanças nos processos de trabalho, as expectativas dos funcionários e da organização e as ferramentas normalizadas disponíveis.

5.1.5 Conclusões e recomendações

A utilização de estratégias simples na DFS ainda não realizou todo o seu potencial. Isto pode ser explicado pelo facto de o processo de implementação ainda estar em curso e de a equipa de gestão da DFS estar a enfrentar vários desafios. Alguns desses desafios são causados pela resistência à mudança por parte do pessoal e pela logística envolvida no processo de implementação. A fim de determinar as medidas que podem ser tomadas para melhorar as operações do DFS, o autor colocou questões sobre remédios/soluções para melhorar o desempenho do DFS em diferentes secções do questionário e do guia de entrevistas com informadores-chave. Com base nos resultados dos capítulos anteriores e na literatura, é possível fazer as seguintes recomendações à direção da DFS.

- Planos estratégicos - é necessário estabelecer planos estratégicos formais para orientar e alinhar o trabalho da organização, apoiados por objectivos e pelo acompanhamento, análise e relatórios de desempenho baseados em dados.
- Controlo e avaliação É necessário um controlo mais eficaz de todas as resoluções da AG e das recomendações de auditoria. A organização precisa de monitorizar o modo de cumprimento das disposições dos memorandos de entendimento.
- Incorporar conhecimentos de desempenho equilibrados na integração de pessoas, processos, tecnologia e nível de serviço ao cliente para garantir a satisfação do cliente e, ao mesmo tempo, provar economia e eficácia em recursos dedicados. Os serviços partilhados e remotos ajudam a otimizar os recursos, a minimizar o número de pessoal de apoio em zonas perigosas, a equilibrar a carga de trabalho e a garantir a continuidade do negócio.
- A DFS deve promover uma mentalidade de melhoria contínua do desempenho entre o pessoal através do planeamento, da execução, da verificação e da tomada de medidas correctivas com base num quadro de resultados equilibrado que integre e alinhe a motivação e o interesse do pessoal com os objectivos da organização. Além disso, um plano de trabalho objetivo e justo e a gestão do desempenho são um ingrediente para promover a melhoria contínua.
- É necessário um centro de distribuição global no GSC ou no RSC, de onde os FMs possam retirar mercadorias. O centro deve estar ligado ao sistema ERP dos vendedores para permitir que estes tenham acesso ao nosso inventário com visibilidade, de modo a que a produção possa ser automaticamente aumentada com base na procura futura. Além

disso, a política de ter um transitário separado para as mercadorias deve ser abandonada, uma vez que acrescenta demasiado tempo a um sistema financeiro que não é perpétuo, mas sim a tempo fixo, e cujo ciclo de transacções está limitado ao ano financeiro.
-	Alinhar a estratégia do GFSS com as implementações do Umoja e das IPSAS.
-	Integração, partilha de dados, ERP implementado com êxito e pessoal mais qualificado.
-	É necessário mudar, uma vez que os inventários e as aquisições ainda não são totalmente geridos de uma forma global e holística. As missões continuam a gerir as aquisições e os inventários de forma isolada.
-	Deveriam ser celebrados melhores contratos de sistemas para melhorar os prazos de entrega, de modo a satisfazer a procura simultânea [que não é da competência do SGC].
-	É necessário um maior apoio central e políticas claras por parte da sede.

5.1.6 Limitações do estudo

O estudo utilizou uma população de quinze (15) inquiridos de cinco organizações diferentes, nomeadamente o GSC, o RSC e as três (03) missões no terreno (UNMISS, MONUSCO e UNSOS). Foi uma limitação tentar fazer uma comparação do feedback dos inquiridos porque as diferentes estações/centros tinham experiências diferentes na utilização de estratégias lean. Além disso, os resultados deste estudo são muito exclusivos da ONU (operações DFS) e, por conseguinte, seria difícil aplicá-los noutra organização. Outra limitação pode resultar da questão da confidencialidade, em que os inquiridos dariam informações tendenciosas por receio de serem vitimados. Apesar destes pontos fracos, os resultados da investigação são considerados válidos e fiáveis, uma vez que foram aplicadas medidas adequadas para garantir a validade e a fiabilidade, tal como descrito mais pormenorizadamente no capítulo três.

5.1.7 Sugestões para investigação futura

Este capítulo apresentou um breve resumo das conclusões do estudo, em conformidade com os objectivos do mesmo. Este estudo também apresentou algumas recomendações para a gestão das FDS. Além disso, este capítulo apresentou uma breve discussão sobre os pontos fracos da investigação, bem como sobre as oportunidades para estudos futuros. Em resumo, o autor discutiu o tema em grande medida. Através de uma revisão da literatura e da análise das reacções dos inquiridos, o autor concluiu que ainda há margem para melhorias no que respeita às operações da DFS. O facto de a implementação de estratégias lean estar ainda em curso dá à organização uma boa oportunidade de melhorar o seu desempenho através da incorporação das recomendações do estudo. As recomendações, se adoptadas como parte dos instrumentos, resultam na realização de todo o potencial de utilização das estratégias lean nas operações da DFS.

REFERÊNCIAS

Aldowaisan, T. A., & Gaafar, L. K. (1999). Business process reengineering: an approach for process mapping. *Omega, 27*(5), 515-24.

Bisson, B., & Folk, V. (2000). Estudo de caso: Como fazer a melhoria do processo empresarial. *The Journal of Quality and Participation, 23*(1), 58-63.

Bolo, A. (2009). *Variáveis estratégicas seleccionadas no desempenho da gestão da cadeia de abastecimento em grandes empresas privadas de produção no Quénia.* (Projeto de MBA não publicado, Universidade de Nairobi).

Brun, A. (2011). Fatores críticos de sucesso das implementações de seis sigma em empresas italianas. *International Journal Production Economics, 131,* 158 164.

Damelio, R. (1996). *The basics of process mapping quality resources.* Nova Iorque, NY.

Droste, A. (2007). Lean thinking: Banir o desperdício e criar riqueza na sua empresa", *Action Learning: Investigação e Prática, 4*(1), 105-106.

Edgeman, R. L., & Bigio, D. I. (2004). Six sigma in metaphor: Heresy or Holy Writ? *Quality Progress, 37*(1), 6.

FAO, (2007). *Gestão da cadeia de abastecimento agroindustrial: Concepts and applications.* AGSF Occasional Paper 17 Roma.

Fiume, O. (2004). Lean na Wiremold: Para além da produção, colocando as pessoas na frente e no centro. *Journal of Organizational Excellence,* 23-32.

Gripsrud, G., Jahre, M., & Persson, G. (2006). Supply chain management - back to the future? *International Journal of Physical Distribution & Logistics Management, 36*(8), 643659.

Grover, V., & Malhotra, M. K. (2003). Transaction cost framework in operations and supplychain management research: Theory and measurement. *Journal of Operations Management, 21*(4), 457-473.

Harland, C. M. (2012). Gestão da cadeia de suprimentos, gestão de compras e suprimentos, logística, integração vertical, gestão de materiais e dinâmica da cadeia de suprimentos. In: Slack, N (ed.) *Blackwell Encyclopedic Dictionary of Operations Management.* REINO UNIDO: Blackwell.

Huang, S. H., Sheoran, S. K., & Wang, G. (2004). A review and analysis of supply chain operations reference (SCOR) model. *Supply Chain Management: An International Journal, 9*(1).

Jayaram, J., Das, A., & Nicolae, M. (2010). Looking beyond the obvious: Unraveling the Toyota Production System. *International Journal of Production Economics, 128,* 280291.

Jusko, J. (2007). Accounting for lean tastes. *Semana da Indústria, 256*(9), 3.

Kallrath, J., Maindl, T. I. (2006). *Otimização real com SAP® APO.* Springer ISBN 3-54022561-7.

Karkkainen, M., Ala-Risku, T., & Holmstrm, J. (2003). Aumentar o valor do cliente e diminuir os custos de distribuição com a fusão em trânsito. *International Journal of*

Physical Distribution and Logistics Management, 33(2), 132-148.

Keitany, P., & Riwo-Abudho, M. (2014). Efeitos da produção enxuta no desempenho organizacional: um estudo de caso da empresa produtora de farinha no Quénia. *Eur J Logistics Purchasing Supply Chain Mgmt, 2*(2), 1-14.

Keller, P. J., & Jacka, J. M. (1999). Process mapping. *The Internal Auditor, 56*(5), 60-4.

Kouvelis, P., Chambers, C, & Wang, H. (2006). Investigação sobre gestão da cadeia de abastecimento e gestão da produção e das operações: Review, trends and opportunities. *Production and Operations Management, 15*(3), 449-469.

Kumar, S., & Phrommathed, P. (2006). Melhoria de um processo de fabrico através do mapeamento e simulação de operações críticas. *Journal of Manufacturing Technology Management, 17*(1), 104-132.

Lambert, D. M. (Eds) (2012). *Gestão da cadeia de abastecimento: Processes, partnerships, performance,* (3rd ed.). Instituto de Gestão da Cadeia de Abastecimento, Sarasota, FL.

Larson, P. D., & Halldorsson, A. (2004). Logística versus gestão da cadeia de abastecimento: An international survey. *International Journal of Logistics: Research & Application, 7*(1), 17-31.

Lavassani, K., Movahedi, B., & Kumar, V. (2009). Desenvolvimentos nas teorias de gestão da cadeia de abastecimento: O caso da adoção do mercado eletrónico B2B. *The International Journal of Knowledge, Culture and Change Management, 9*(6), 85-98.

Marvel, J. H., & Standridge, C. R. (2009). Processo de design enxuto aprimorado por simulação. *Journal of Industrial Engineering and Management, 2,* 90-113.

Mentzer, J. T. et al., (2001). Definição de gestão da cadeia de abastecimento. *Journal of Business Logistics, 22*(2), 1-25.

Movahedi, B., Lavassani, K., & Kumar, V. (2009). Transição para uma cadeia de abastecimento B2B com mercado eletrónico: Avaliação do grau de preparação e factores de sucesso. *The International Journal of Technology, Knowledge and Society, 5*(3), 75-88.

Péter, B. (2012). *Overview of the United Nations Logistics Base/Global Services Center".* Disponível em:httphttp://hadmernok.hu/2012_2_benicsak.pdf. [Consultado em: 18 de abril de 2014]

Pool, A., Wijngaard, J., & van der Zee, D. (2011). Planeamento Lean na indústria de semi-processos: Um estudo de caso. *International Journal of Production Economics, 131,* 194203.

Scherrer-Rathje, M., Boyle, T. A., & Deflorin, P. (2009). Lean, take two! Reflexões a partir da segunda tentativa de implementação lean. *Business Horizons, 52,* 79-88.

Schweikhart, S. A., & Dembe, A. E. (2009). The applicability of lean and six sigma techniques to clinical and translational research. *Journal of Investigative Medicine, 57*(7), 745-755.

Sealander, J., & Cross, K. (1999). Process redesign: is it worth it? *Management Accounting,* 80(7), 40-44.

Shah, R., & Ward, P. T. (2003). Lean manufacturing: Context, practice bundles, andperformance. *Journal of Operations Management, 21,* 129-149.

Shokri, A., Oglethorpe, D., & Nabhani, F. (2014). Avaliação da metodologia seis sigma para melhorar as medidas logísticas das PME de distribuição alimentar. *Journal of Manufacturing Technology Management, 25*(7), 998 - 1027.

Simchi-Levi, D., Kaminsky, P., & Simchi-levi, E. (2007). *Designing and managing the supply chain,* terceira edição, Mcgraw Hill.

Vienazindiene, M., & Ciarniene, R. (2013). Implementação da produção enxuta e medição de processos. *Economia e Gestão, 18*(2).

Wainaina, G. (2009). *Melhores práticas de gestão da cadeia de abastecimento em grandes empresas privadas de produção no Quénia.* (Projeto de MBA não publicado, Universidade de Nairobi).

Wan, H., & Chen, F. F. (2008). A leanness measure of manufacturing systems for quantifyingimpacts of lean initiatives. *International Journal of Production Research, 46,* 6567-6584.

Womack, M., & Jones, N. (2009). Práticas Lean nas organizações. *Industrial Engineer,* 39(40), 1.

Yavuz, A., & Cengiz, D. (2015). Impacto das estratégias competitivas e das estratégias da cadeia de suprimentos no desempenho da empresa sob incertezas ambientais: Borsa Istanbul case in the manufacturing sector. *Revista Internacional de Economia, Comércio e Gestão,* 2(1).

Zakuan, N., & Mat-Saman, M. Z. (2009). Conceito de fabrico enxuto: The main fator inimproving manufacturing performance-um estudo de caso. *International Journal of Manufacturing Technology and Management, 17,* 353-363.

Michael B. KEMOKAI Licenciatura (Economia); MSc. Ops &SCM
O autor

O autor trabalhou para as Nações Unidas em várias missões no terreno. As suas experiências no terreno abrangem o trabalho em operações de manutenção da paz em países como a República Democrática do Congo, o Uganda (como parte do apoio à missão da RDC), o Haiti e, atualmente, a Somália. Trabalhou durante dez (10) anos com as Missões de Manutenção da Paz da ONU nos domínios da logística, operações e gestão da cadeia de abastecimento. Antes de se juntar às Nações Unidas, trabalhou com o Programa das Nações Unidas para o Desenvolvimento (PNUD) - Serra Leoa como Especialista Técnico para o Reforço de Capacidades e Planeamento de Aquisições; o Tribunal Especial para a Serra Leoa; Save the Children (Reino Unido), - todos no campo da logística, e com a CAUSE Canada como Especialista em Logística Humanitária.

O autor possui uma licenciatura (Hons) em Economia pela Universidade da Serra Leoa e um mestrado (com mérito) em Operações e Gestão da Cadeia de Abastecimento pela Universidade de Liverpool. Tem mais de 18 anos de experiência a nível sénior no domínio das operações logísticas e da gestão da cadeia de abastecimento. É um apaixonado por programas de melhoria que resultam em ganhos de eficiência nos serviços de gestão da cadeia de abastecimento de uma organização. Como parte das suas realizações, contribuiu para a criação de um armazém integrado no Gabinete de Apoio das Nações Unidas na Somália (UNSOS). Liderou a implementação dos novos processos de gestão de armazéns em Mogadíscio, na Somália. Continua a desempenhar um papel significativo nos aspectos de armazenagem da gestão da cadeia de abastecimento, utilizando técnicas lean e o modelo SCOR.

O livro foi publicado com base nos resultados de uma investigação sobre a utilização do conceito de Centro de Serviços da United Catyon na implementação da Estratégia Global de Apoio no Terreno da United Caçor. O livro fornece uma visão sobre os desafios ligados à reengenharia de processos de negócios em missões de campo. Oferece prescrições de políticas para gestores seniores e de nível de entrada que são úteis para a conceção de serviços de gestão da cadeia de abastecimento que impulsionam a eficiência nas operações de armazenamento e entrega, alavancando a utilização do Conceito de Centro de Serviços das Missões Unidas,

I want morebooks!

Buy your books fast and straightforward online - at one of world's fastest growing online book stores! Environmentally sound due to Print-on-Demand technologies.

Buy your books online at
www.morebooks.shop

Compre os seus livros mais rápido e diretamente na internet, em uma das livrarias on-line com o maior crescimento no mundo! Produção que protege o meio ambiente através das tecnologias de impressão sob demanda.

Compre os seus livros on-line em
www.morebooks.shop

info@omniscriptum.com
www.omniscriptum.com

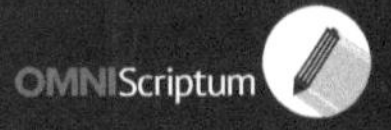

Printed by Books on Demand GmbH, Norderstedt / Germany